EIDOS – DAS GEHEIMNIS DER DOMNICKS

von

Friedrichs Erben

Autoren: Friedrichs Erben

Constantin Demattio
Luca Swoboda
Anna-Loren Mühleisen
Helena Jooss
Nicolas Herden
Katharina Albertin
Kim Wurster
Eden Terfe
Gizem Turunc
Amelie Würth
Johanna Zinser
Annika Werner
Celina Bohner
Oliver Tomaskovic
Leonie Wagner
Gabriela Janisch
Antonia Storr
Melanie Nkrumah
Emily Schmidt
Franziska Fischer

Projektleitung:

Jessica Jahn
Carola Kupfer

Impressum

Bibliografische Information der Deutschen Bibliothek
Die Deutsche Bibliothek verzeichnet diese Publikation in der Deutschen Nationalbibliografie. Detaillierte bibliografische Daten sind im Internet unter http:/dnb.ddb.de abrufbar.

ISBN: 978-3-945131-20-6

Text:	FRIEDRICHS ERBEN: Die Autoren und Autorinnen der kreativen Schreibwerkstatt des Hölderlin-Gymnasiums Nürtingen
Gestaltung:	www.deimann-design.de | Schwetzingen
Satz:	Wolfgang Schröck-Schmidt
Druck:	Strauss GmbH, Mörlenbach
Herstellung:	Edition Schröck-Schmidt Gebrüder-Grimm-Weg 14 68804 Altlußheim Tel.: 0172-6244168

Printed in Germany

Besuchen Sie uns im Internet: www.edition-schroeck-schmidt.de
www.buch-macht-schule.de

Ein Bildungsprojekt von:

BUCH MACHT SCHULE
SCHULE MACHT BUCH

SchülerInnen schreiben und vermarkten ihren Roman

Ein Bildungsprojekt für Schulen von Carola Kupfer und Wolfgang Schröck-Schmidt

www.buch-macht-schule.de

Lerne im Leben die Kunst,
im Kunstwerk lerne das Leben!
Siehst du das eine recht,
siehst du das andere auch!

Friedrich Hölderlin

Kunst wird erst dann interessant,
wenn wir vor irgendetwas stehen,
das wir nicht gleich restlos erklären können.

Christoph Schlingensief

Oktober 1967

Ein zartes C streicht über die Saiten der Violine und bringt meine Moleküle zum Beben. Langsam schweifen die Töne entlang meiner Linien, breiten sich aus und tanzen mit den Farben, die sie umspielen, umgreifen und in die Freiheit schwingen lassen. Eine zarte Melodie erfüllt die Weite des Raumes und umhüllt die atmenden Skulpturen. Ich spüre den Bogen in gleitenden Bewegungen über die Saiten schweben. Die Violine malt die Töne in die Luft und Holztasten drängen diese in kleinen Stößen in alle Ecken dieses Raumes. Sie umgarnen die Laute der Violine und vereinen sich mit ihnen zu einem beruhigenden, von leichter Traurigkeit erfüllten Wiegen. Die Töne verschwimmen ineinander und drängen sich zwischen alle Fasern. Die Skulpturen zertrümmern zuerst die lieblichen Laute, verstummen dann langsam und beginnen, in die Bewegungen der Wellen einzustimmen. Die Moleküle, die mich umgeben, synchronisieren sich und auch ich gehe ganz in dieser Atmosphäre auf.
Als ich beginne, meine Form zu vergessen, steht die Luft still. Ich vergegenwärtige mich und werde abrupt in gleichmäßigem Takt von Stößen beschossen. Die Skulpturen schlagen ihre Extremitäten aneinander. Trotzdem spüre ich, dass sie einander zugewandt sind. Sie freuen sich, sie stoßen so viele Laute auf einmal aus. Alles wirbelt, alles dreht. Ich hänge den gleitenden Tönen nach. Ich liebe die Ästhetik. Ich liebe durchdringende Kompositionen. Ich liebe das Zusammenspiel der Erschütterungen. Ich möchte das Gefühl der Vorhersehbarkeit empfinden. Dieses erschütternde Treiben schüchtert mich ein. Und dann durchdringt ein metallisch schallender Ton dieses Durcheinander. Ich spüre, wie die Skulpturen sich durch den weiten Raum schieben. Sie scheinen, mechanisch auf einen Punkt zuzusteuern. Dort, an diesem Punkt empfinde

ich etwas Vertrautes. Ich nehme die bekannten Bewegungen war. Es sind nur noch diese Schwingungen zu spüren, doch sie sind intensiver, stärker als ich sie kenne. Ich sinne den Tönen der Violine nach. Immer wieder reißen mich Erschütterungen aus meinen Gedanken. Ich kann spüren, wie Glas klirrt und Metall auf Porzellan kratzt. Ich spüre dampfende Wärme und das Prickeln von kleinen Perlen, die sich am Glas entlangziehen. Ich merke, wie Seide durch die Luft wippt und starre Baumwolle behebe durch den Raum walzt. Ich spüre so viel auf einmal. Es klirrt und kratzt, es schlägt und es rauscht. Alles spüre ich und kann nicht immer sagen, was es ist. Ich kenne so viele dieser Eindrücke nicht. Jetzt sammle ich auch diese und speichere sie in mir. Ich bin nervös. In all diesem Durcheinander geben mir die vertrauten Bewegungen im Raum Sicherheit. Auch die Wärme, die mich sacht von oben kommend berührt, schützt mich. Die anderen sind auch da. Sie sind an meiner Seite.

Jetzt bemerke ich, dass mich ein sachter warmer Lufthauch anbläst. Ich kenne das, aber es fühlt sich so anders an. Der kleine Wind wird kurz unterbrochen und kleine vibrierende Wellen ergreifen mich. Kurz darauf merke ich einen zweiten und einen dritten Lufthauch. Der zweite ist herber. Er berührt mich nahezu rundum. Der dritte ist fast so zart wie der erste Wind, doch er ist gleichmäßiger. Die Fleischskulpturen stehen vor mir. Sie bewegen sich und die Bewegungen übertragen sich auf mich. Ich spüre, wie eine kleine spitze Wärme auf mich zusteuert. Sie ist kurz davor, mich zu berühren, als eine zielstrebig schnelle Masse diese Spitze wegschlägt. Ich wurde schon eine ganze Weile nicht mehr berührt.

Ich erinnere mich daran, wie ich das letzte Mal diese feuchte Wärme spürte. Ich wurde äußerst zärtlich betastet und mit großer Sorgfalt schob man mich ein wenig herum.

Seitdem bestrahlt mich von hinten die Kälte des Mauerwerks und manchmal diese wohlige Wärme von oben. In den letzten Wochen konnte ich zwei bewegte Skulpturen ausmachen, deren Winde mich öfter berührten. Ich glaube, dass da noch eine dritte ist. Diese huscht aber nur an mir vorüber. Ich spüre dann das Wehen eines steifen Stoffes. Die beiden Winde, die mich schon oft berührt haben, sie sind mir vertraut. Ich erkenne sie sofort und ich empfinde nun eine Verbindung zu ihnen. Die dazugehörigen Skulpturen saßen schon vor mir und ich spürte nur ihren Hauch, der von Pausen der absoluten Stille unterbrochen wurde. Nur manchmal glitten ihre Laute zu mir. Sie waren immer gedämpft, nahezu ehrfürchtig. Dass sie mich so oft besuchten, macht mich stolz. Wird das nach diesem Wirren auch noch so sein?
Die drei Windquellen bewegen sich weg. Ich spüre sie nur sacht und dann nicht mehr. Ich kann nicht ausmachen, wie viele der Skulpturen hier sind. Es müssen viele sein. Ihre Bewegungen übertragen sich auf mich sogar durch das Mauerwerk. Es klackt und schlürft, es tippt und stampft. Jede Skulptur ist einzigartig. Das habe ich schon sehr früh festgestellt. Jede Skulptur sendet andere Wellen, andere Vibrationen und andere Laute in den Raum. Ich versuche, mir diese zu merken, sie mir vertraut zu machen. Ich finde es spannend, welche Vielzahl sie mir bieten. Ich sammle sie und, wenn ihnen dann wiederbegegne, dann erfreue ich mich.
Jede dieser Skulpturen ist ein kleiner Teil von mir.
Da, da hinten. Ich spüre eine mir sehr bekannte Schwingung. Eine Vibration, die ich schon einige Zeit nicht mehr empfing. Ich glaubte diese Vibration schon verstummt. Sie ist ganz eigen, ganz einzigartig. Es ist ein festes Vibrieren, das von kleinen Sprüngen gekennzeichnet ist. Es

wirkt wie ein Trommeln und doch trägt es eine verborgene, kaum merkliche Zärtlichkeit. Dieses Vibrieren war das erste, das ich je wahrnahm.

Damals, als ich noch nicht ganz ich war. Ich amüsiere mich. Er ist da. Er schuf mich. Damals in einem anderen Raum. Einem Raum, in dem ganz andere Wellen mich erreichten. Der Raum war kühler und weniger weit, doch von uns gab es viel mehr. Manche waren noch ganz unvollkommen und warteten auf ihre Erschaffung, andere befanden sich im Prozess und einige wenige strahlten, weil sie reif waren.

Als er mich schuf, bewegte er die Luft schwungvoll. Er drängte die Moleküle in alle Richtungen. Manchmal in schnellen hackenden Zügen, manchmal in vollkommener Achtsamkeit, als wolle er verhindern, auch nur ein Molekül zu viel anzustoßen. Er saß oft da und sein pulsierender Wind streichelte mich. Mikroskopische Tropfen lehnten sich dann meist an meinen Körper und übersäten mich mit einer kurzen Wärme. Ich erinnere mich, seine Spitzen auf mir gespürt zu haben. Sie wischten über mich und umgriffen zuweilen meinen Körper. Öfter jedoch übertrug er seine Kraft über einen kitzelnden oder auch kratzenden Stab.

So wurde ich zu mir.

Er schuf mich, indem er mit seinen Spitzen meine Struktur mit zähen Massen formte und cremte, tupfte, strich und wischte. Einige Massen flossen nahezu, andere ließen sich nur mühsam streichen. An manchen Stellen wurde ich ganz schwer, an anderen fühlte es sich wie ein leichtes Tuch an. Ich erinnere mich kaum an diesen Prozess. Doch ich weiß noch genau, wie ich vollkommen wurde. Er hatte mich vollendet. Ich fühlte mich so wohl. Ich war ganz getrocknet und trotzdem noch etwas elastisch. Die Frische, die auf mir lag, dieser Glanz, den ich empfand. Ich war perfekt.

Zu dieser Zeit kannte ich nur wenige bewegte Skulpturen. Doch, ja, da ist sie. In diesem Durcheinander spüre ich eine weitere vertraute Vibration. Diese Skulptur war auch da, damals, als ich vollendet wurde. Ich habe die Bewegungen, die Töne, den Atem gespürt und gespeichert. Doch berührt hat sie mich nie. Sie kam manches Mal und stand vor mir, hauchte mich an und manchmal vernahm ich diese vibrierenden Stöße. Dann kam auch mein Erschaffer und gebar sich ebenso. Zu diesen Zeiten flogen manchmal Winde vor mir. Die Intensität der beiden Skulpturen unterschied sich kaum. Zuweilen standen sie still und jedes Mal empfing ich von ihnen ausgehend klingendes Glas und darin schwappendes schweres und schmierendes Wasser. Danach wurden die Wellen intensiver und ergriffen mich. Mir gefiel diese Zeit. Sie prägte mich. Bevor die Skulptur den Raum mit einem stechend kalten harten Wind verließ, spürte ich, wie sie immer kurz noch einmal vor mir stand, ganz nah. Ich bilde mir ein, dass dies die einzige Skulptur war und ist, die mich erkannt hat! Ich fühlte mich äußerst behaglich, in ihrer Betrachtung zu stehen.
Ich empfinde eine wohlige Vertrautheit, jetzt in diesem hektischen Raum, in dem so viele Winde wehen, so viele Wellen mich ergreifen, geben mir diese gespeicherten Erinnerungen Stützen und entspannen mich. Die Schwingungen schwellen an. Sie schlagen einander zurück, drängen sich durch den Raum. Sie bündeln sich und rauschen gegen mich. Ich tauche ein in dieses Rauschen, das mich ganz umgibt, das mich wiegt und betäubt. Ich sammle nicht mehr, ich suche nicht mehr. Ich weiß, die wichtigsten Skulpturen meines Seins sind hier. Sie beschützen mich. Nun genieße ich diese Turbulenz und begleite ein sanftes Wehen hier und ein hartes Klatschen dort. Ich vernehme Melodien, die immer wieder beschnitten werden,

und Klirren und Schwappen. Es umgibt mich und doch gibt mir mein Rücken die Sicherheit, die ich brauche.
Solch ein Durcheinander bin ich kaum gewohnt, doch ich erinnere mich an ein ähnliches Fest. Damals wurde mir diese Sicherheit genommen. Es war ein kühler Tag. Mit vielen kühlen Winden drangen immer mehr Skulpturen in den Raum, in dem ich erschaffen wurde. Sie brachten Nässe mit und gefrierenden Atem. Ich vernahm ein ruhiges gleichmäßiges Schlagen. Ein Trommeln auf Glas, das eine beruhigende Melodie anstimmte. Sie waren auch da, all die Skulpturen, die mir hier meine Stützen bildeten. Am Ende des Abends hüllte mich mein Erschaffer in einen wohligen Stoff. Dieser dämpfte mein Empfinden. Nervosität ergriff mich. Zuvor hatte ich seinen Atem gespürt. Ich weiß noch heute, wo sich die kleinen Moleküle niederließen und eine warme Spur hinterließen. Manchmal empfinde ich sie noch. Ich weiß dann nicht mehr viel. Doch damals sah ich die mir vertrautesten Skulpturen zum letzten Mal.
Jetzt sind sie wieder da. Es gibt sie noch.
Bewegung ergreift die Masse und lenkt sie weg von mir. Die Wellen werden zu einem Sog, der mich nahezu mitzunehmen versucht. Ich bin wieder ganz im Jetzt. Ich sinne dieser Menge nach und versuche, meine Stützen auszumachen, aber ich empfange nichts von ihnen. Ich versuche, mich noch mehr auf sie zu fokussieren, doch es gelingt mir nicht. Da spüre ich etwas Hartes, das mich packt. Zwei raue Flächen mit zehn kräftigen Krallen packen mich. Da ist eine Skulptur vor mir. Sie benebelt mich, hebt mich an und entreißt mich meiner Sicherheit. Ich spüre die Wärme auf meinem Rücken. Ich glaube, nein.
Da legt sich wieder etwas um mich. Es ist kratzig. Ich werde bewegt. Ich verursache Schwingungen. Spüren die anderen das nicht? Ich schlage Wellen in den Raum und

keiner spürt es? Die Wellen sind groß und ausladend. Ich empfange kaum etwas. Von unten wehen abwechselnde Winde zu mir. Sonst nichts. Die Menge, die ich vorhin so sehr spürt, sie ist weg. Jetzt merke ich einen starken Windstoß und dann, dann ist dort keinen Raum mehr. Die wenigen Vibrationen, die ich empfange, werden nirgends mehr begrenzt. Ich muss im Nirgendwo sein.
Wo bin ich? Was geschieht hier? Warum geschieht dies? Die Krallen haben ihren Griff gelockert, doch sie lassen mich nicht los. Diese gleichmäßigen Winde, die mich von unten erreichen, sind das nicht? Kenne ich diese nicht? Ich empfange zu wenig. Ich bin mir nicht sicher.
Was geschieht jetzt? Ich werde noch mehr betäubt. Irgendetwas nimmt mir all mein Empfinden. Ich, ich weiß nicht, was mit mir geschieht!
Starkes, hartes Rütteln überträgt sich auf mich, dann bin ich ganz und gar abgehängt.

August 2018

Zum gefühlt hundertsten Mal heute schalte ich den Radiosender um, weil die ganze Zeit nur Werbung kommt. Als auch auf dem nächsten Sender eine nervige Stimme ertönt, die irgendwas von billigen Kartoffeln redet, schalte ich das Radio aus und seufze. In den bisherigen eineinhalb Stunden der Fahrt von der Universität in München nach Nürtingen gab es immer wieder Stau und meine Nerven sind leicht angefressen, doch laut Navi habe ich immer noch eine knappe dreiviertel Stunde vor mir, die ich im Auto verbringen muss. Hoffentlich lohnt sich die Fahrt wenigstens und die Sammlung Domnick ist wirklich so interessant und beeindruckend, wie meine Professorin Frau Larsen es mir erzählt hat. Ich schätze sie sehr, deswegen vermute ich, dass das, was sie erzählt hat, auch so stimmt. Auf jeden Fall ist es eine willkommene Abwechslung für mich, einmal aus der Stadt zu kommen und etwas anderes zu erleben, als das eher monotone Leben einer Doktorandin für Kunsthistorik an der Universität. Außerdem entkomme ich so meinem nervigen Professor, der dauernd irgendwelche extra Arbeiten für mich hat. Seit ich das Thema meiner Doktorarbeit festgelegt habe, verbringe ich die meiste Zeit in der Universitätsbibliothek und recherchiere rund um die Familie Domnick und Willi Baumeister. Dabei kann ich nicht auch noch Aufgaben gebrauchen, die der Professor mir nur gibt, weil er niemand anderen hat, den er damit ärgern kann.
Glücklicherweise hat die Bibliothekarin mich darauf hingewiesen, dass es in Nürtingen, am Rande der Alb, eine Sammlung der Domnicks gibt, in der Greta und Ottomar Domnick viele Werke ihres Freundes Willi Baumeister ausgestellt haben. Seit dem Tag, an dem ich mit der Museumsleitung Frau Remus einen Termin vereinbart habe,

freue ich mich darauf. Die abstrakte Kunst von Baumeister fasziniert mich schon lange und diese Sammlung ist die perfekte Möglichkeit, ein paar der Originale zu sehen und für meine Doktorarbeit zu recherchieren.
Leider stehen noch immer zwanzig Minuten im Stau zwischen mir und der Sammlung, denn gerade befinde ich mich in Köngen. Langsam wird es mir hier, allein im Auto, zu ruhig und ich schalte das Radio wieder an. Als die Strophen von „Enjoy the Silence“ ertönen, fange ich an zu lächeln. Das ist genau das, was ich gerade brauche. Langsam weicht die angespannte Stimmung der Vorfreude, die ich empfinde, wenn ich an die Sammlung mit all ihren Schätzen denke.
Nachdem ich den Stau hinter mich gebracht und die Autobahn verlassen habe, fahre ich durch kleinere Städte und lande dann in Hardt, einem Stadtteil von Nürtingen, in dem sich die Sammlung befindet. „In zweihundert Metern rechts abbiegen.“, ertönt die roboterartige Stimme des Navis. In zweihundert Metern? Gerade fahre ich an den typisch schwäbischen Obstwiesen vorbei und es sieht nicht so aus, als wäre in der Nähe eine Kreuzung oder so etwas. Ich schüttle den Kopf und schalte das Navi aus. So schwer kann es ja nicht sein, in diesem kleinen Ort etwas zu finden. Als die ersten Häuser in Sicht kommen, sehe ich gerade noch im Augenwinkel ein Hinweisschild. „Sammlung Domnick“ steht darauf. Hat das Navi wohl doch Recht gehabt, denke ich und wende bei der nächsten Möglichkeit.
Als ich in die kleine Zufahrtsstraße einbiege, sehe ich nach kurzer Zeit eine Hecke, die an der Seite der Straße wächst und den Blick versperrt. Ich habe mir ein paar Bilder auf Google angesehen, die Sammlung liegt sehr versteckt, der perfekte Platz, um in Ruhe zu recherchieren. Nach wenigen Metern erreiche ich einen kleinen geschotterten Parkplatz und stelle mein Auto ab. Hoffentlich ist

Herr Wenger, der Stellvertreter Frau Romeus, schon da und hat mir die Sammlung aufgeschlossen. Frau Romeus meinte, sie würde später noch dazukommen und mich ein wenig herumführen. Ich hoffe wirklich, dass sie so freundlich ist, wie sie in ihren Mails rüberkommt, ich hätte jetzt wirklich keine Lust, auch noch für jeden Handstreich ein Formular ausfüllen zu müssen.
Ich öffne die Autotür und setze einen Fuß auf den schwarz grauen Asphalt, während ich meinen Blick über den Weg schweifen lasse. Mit den Beschreibungen von Tripadvisor hat dieser Ort auf den ersten Blick nicht viel gemein. Wie kann ein Ort so nah an der Zivilisation so aus der Zeit gerissen sein? Um mich herum ist nichts als Wiese, Felder und Wald. Ich gehe auf das silbergraue Tor zu, das die dichte Hecke teilt und den Blick auf das Anwesen versperrt. Ich klingle und eine freundliche Stimme eines Mannes begrüßt mich. Nachdem ich meinen Namen genannt habe, summt es kurz. Ich brauche mehrere Versuche und schaffe ich es endlich, das Tor aufzudrücken. Anschließend schiebe mich durch den Spalt ins Innere. Ich befinde mich nur noch wenige Meter entfernt von meinem eigentlichen Ziel. Das graue, ziemlich plattenförmige Gebäude, das wie ein Bunker in dieser Landschaft erscheint, ist umgeben von perfekt gepflegtem Rasen, auf dem vereinzelt Metallskulpturen stehen. Es zeigt keine Fenster und der kahle Beton blickt einem kalt entgegen. Einzig die Tür aus Holz verspricht etwas Wärme und Zuflucht. Insgesamt wirkt der Bau, als wäre das Dach ein Rahmen, an welchem die Wände schwer herunterhängen. Dieser Eindruck entsteht wahrscheinlich durch die Streben, die vereinzelt über die Grundmauern herausragen. Dies gibt dieser massigen Gestalt etwas Leichtigkeit. Das Gebäude versteckt durch die verschiedenen Vorsprünge, die ich nun entdecke, etwas seine Größe, doch ich sehe gleich, dass es kein gewöhnliches Wohnhaus ist. Frau Remus hatte mir

bereits erzählt, dass diese Villa schon bei der Planung als Museum angelegt wurde, die Domnicks aber trotzdem ganz normal darin gelebt und gearbeitet haben. Zusammen mit der Bocciabahn gleich neben dem Weg kann man sich gut vorstellen, wie Menschen hier durch den kleinen Park spazieren sowie die Ruhe und Sonnenstrahlen genießen, die durch die umgebenden Bäume gebremst werden. Ich atme einmal die von Harz und Blütenstaub beträufelte Luft ein. An diesem grünen Ort wirkt das Gebäude wie ein Fremdkörper, der langsam von der Natur aufgenommen wird, denn an einigen Stellen sieht man, wie die Pflanzen an dem Gemäuer versuchen zu nagen. Neben den beeindruckenden Skulpturen, die man durch die Gitterstäbe des Eingangstors erahnen kann, müssen auch all die berühmten modernen Kunstwerke im Haus die Besucher anziehen. Ich hätte nie geahnt, dass an einem Ort wie Nürtingen Werke von Baumeister, Hartung, Winter und Ackermann zu finden sind. Von diesen konnte ich schon viel in meinen Büchern lesen.

Obwohl das Gebäude ein wenig einschüchternd wirkt, merke ich, wie meine Fingerspitzen beginnen, vor Vorfreude zu kribbeln und meine Schritte einen Hauch zu schnell werden, als ich über den Weg auf den Eingang zugehe. Ich zupfe nervös an dem Lederband meiner Umhängetasche, bis ich vor der massiven Eisentür stehe, vergeblich suche ich nach meinem Smartphone in meiner Tasche. Ich möchte ein paar Bilder für meinen Instagramaccount schießen. Ich krame durch verschiede Dinge, mein Notizbuch, eine Packung alter Kaugummis, die wahrscheinlich schon seit Ewigkeiten nicht mehr das Sonnenlicht gesehen haben, ein paar Stifte und Farbreste, aber das Handy ist nirgends zu finden. Nach einiger Zeit fasse ich zwei Entschlüsse: erstens meine Tasche demnächst

mal ein wenig auszumisten und zweitens zurück zu meinem Auto zu gehen und nach meinem Smartphone zu suchen.
Meine Suche stellt sich nach kurzer Zeit als erfolgreich heraus, ich finde das Smartphone zusammen mit ein paar Papieren, Pinseln und einer einsamen Münze in meinem Handschuhfach. Nun stehe ich wieder vor der Tür, und versuche diese trotz meiner kribbeligen Finger aufzustoßen. Ich drücke die Tür auf. Das Sonnenlicht fällt durch den kleinen Spalt auf den glänzenden Boden und bringt ihn zum Strahlen. Vorsichtig setze ich einen Fuß über die Schwelle und trete in den kleinen Raum der anscheinend so etwas wie eine Garderobe ist. Während links klassische Kleiderstangen darauf warten, behangen zu werden, steht neben der Durchgangstür ein kleines Pult, auf dem ein Gästebuch ruht, dass darauf wartet, vom nächsten Gast beschrieben zu werden. Auf einem Tisch an der rechten Seite stehen Honiggläser, wie ich lesen kann, hat die Sammlung eigene Bienenstöcke. Ich beschließe, mir nachher ein Glas zu kaufen und morgen früh dieses süße Gold auf mein Frühstücksbrötchen zu schmieren. Außerdem befindet sich neben diesem Tisch ein Regal, das verschiedene Prospekte ausstellt, aber auch einzelne DVDs und Bücher, die offensichtlich im Zusammenhang mit der Sammlung stehen. Ich erkenne einige Filme Ottomar Domnicks. So ganz sicher bin ich mir nicht, aber in den nächsten Tagen kann ich ja auch darauf noch den einen oder anderen Blick werfen. Durchbrochen ist die rechte Wand von einem Durchgang – dieser führt wohl zu den Büros – und einer Toilettentür. Ich ziehe die Tür hinter mir zu und gehe neugierig auf den Durchgang ins eigentliche Innere zu. Da kommt mir ein großer Mann in moderner Kleidung und mit einer kleinen Brille auf der Nase freudig entgegen. Er schüttelt meine Hand und beginnt sofort von der Sammlung zu schwärmen. Vor mir erstreckt sich ein

länglicher Raum dessen Wände mit Bildern behangen sind. Bilder, die ich alle schon einmal gesehen habe, aber noch nie von Nahem. Sie setzen sich von den weißen Wänden ab. Ich spüre die Vorfreude wieder in mir aufflammen. Dadurch wirkt das Fehlen der Fenster und somit das schummrige Licht gar nicht so einschüchternd auf mich, wie es vielleicht wirken würde, wenn ich hier sonst hereinkommen würde. Ich antworte Herr Wenger höflich auf seine Fragen und berichte, dass ich ganz gut hergefunden habe und nicht hungrig oder durstig bin. Nach dieser Begrüßung verabschiedet er sich in einen Nebenraum, denn er habe noch ein paar Aufgaben zu erledigen.

Ich bemühe mich, keinen Schmutz ins Innere zu bringen, denn obwohl ich eine Einladung bekommen habe, mich hier schon einmal allein umzusehen, fühle ich mich ein wenig fehl am Platz, so als dürfte ich hier nicht wirklich sein, schließlich war dieses Gebäude vor nicht allzu langer Zeit ein wahres Wohnhaus und nicht nur ein Museum. Das dumpfe Klacken meiner Gummisohlen auf dem harten Boden ist das einzige Geräusch, das die Stille durchbricht, als ich durch die Sammlung laufe, meinen Blick auf die Gemälde an den Wänden gerichtet. Das ist wahrscheinlich auch der Grund dafür, dass ich fast über einen kleinen Hocker vor mir stolpere und mich selbst zu Tode erschrecke. Meine Blicke wandern über die Gemälde und hinter jeder Wand warten weitere Werke auf ihre Betrachtung. All die Eindrücke berauschen mich und bringen mich ganz durcheinander. Wo soll ich anfangen? Mal stehe ich vor einem Gemälde von Baumeister, dann zieht mich Hartung zurück zum Anfang und ich tauche in seine schwarzen Striche ein, dann locken mich wieder die Farben Ackermanns und so tanze ich beinahe durch die Sammlung. Einige Gemälde sind viel größer, als ich es gedacht habe und ich entdecke ihre Struktur, die ich so nie in einem meiner Bucher oder auf den PowerPoint-Folien der Dozenten sehen konnte. So manches Werk muss ich ganz neu betrachten, es mir erarbeiten. Die Vorfreude kitzelt mich und ich versuche, nicht daran zu denken, dass ich hier nicht das ganze Semester verbringen kann. Zugegeben, es gäbe genug zu lernen und zu erforschen. Jeder meiner Schritte hallt durch die Weite des Raums und ich kann mir nicht vorstellen, dass hier früher jemand einfach so gelebt hat. Das ganze Haus wirkt auf mich kühl und distanziert, kein bisschen häuslich, doch ich verstehe den Reiz daran, mit all diesen Meisterwerken unter einem Dach zu leben. Ich lege behutsam meine Ledertasche auf die lange Tafel, die an der Längsseite des L-förmigen Raumes steht. Der Tisch, der kalte Beton an den Wänden und die metallglänzenden Hängelampen über der Ablagefläche lassen das Haus modern wirken, wie aus einem Einrichtungskatalog, und ich kann kaum glauben, dass das alles noch im Originalzustand von 1967 ist. Alles hier ist bedacht und auf einander abgestimmt: die Gemälde, Möbel, ja sogar der Grundriss.

Ich laufe um den Tisch herum und zu der kurzen Treppe, die zu einer etwas tiefer liegenden Ebene führt. Der weiße Flügel, der mir erst jetzt so richtig auffällt, ruht auf einem roten Teppich. Ich stelle mir vor, wie hier die Leute Feste feiern und dabei die Kunst und Musik genießen. Dieser Ort lebt von den offenen Flächen, denke ich, als ich vergeblich nach Türen suche. Nachdenklich lasse ich mich auf das Sofa in der Ecke des Raumes fallen und die Eindrücke prasseln auf mich ein. Ich versuche, all diese Eindrücke aufzunehmen, was bei dieser Anzahl gar nicht so leicht ist.

Über dem Flügel hängt ein wunderschönes Bild in verschiedenen Blau- und Weißtönen. Das wenige Licht, das durch das schmale Fenster an der Seite hineinfällt, reflektiert auf dem strahlenden Lack des Flügels und wirft ein

Lichtmuster an die Wand und auf das Gemälde. Fasziniert starre ich auf diese Komposition.
Als ich noch ein Kind war, spielte ich auch Klavier, doch mittlerweile habe ich einfach nicht mehr die Zeit dafür und ein Klavier passt sowieso nicht in meine kleine Studentenwohnung in München, schon gar nicht ein Flügel. Meine Oma spielt auch Klavier. Ich kann mir vorstellen, wie begeistert sie von diesem Flügel sein würde.
Nachdem ich mich noch ein wenig im Haus umgesehen habe, kehre ich zu den Bildern von Willi Baumeister zurück, derentwegen ich eigentlich hierhergekommen bin. Ich erkenne sie sofort und eines von ihnen ergreift mich ganz und gar. Da hängt es: Eidos. Ich kenne das Bild gut, doch ist es etwas ganz anderes, es nun auch vor mir zu haben. Es ist zum Greifen nahe. Das Bild fesselt mich geradezu an sich. Ich kann nicht einmal sagen, warum.
Ich lasse meinen Blick über die bunten Farben und Formen gleiten. Immer wieder bleibe ich an den schwarzen Flecken, die auffällig in der Mitte des Bildes thronen, hängen. Man könnte fast meinen, das Bild würde einen durch seine schwarzen Augen beobachten. Langsam lasse ich mich auf den Boden vor dem Bild gleiten und überkreuze meine Beine. Es ist faszinierend zu wissen, dass all das, was dort auf diesem Bild ist, noch nie in dieser Form existiert hat. Genau das bewundere ich an moderner Kunst auch so. Sie ist viel fantasievoller und orientiert sich nicht an dem, was es schon gibt, sondern erschafft etwas komplett Neues. Während ich weiter das Bild anstarre, fahre ich mit meinen Fingerspitzen über das Sonnenblumenmuster auf meinen strahlend gelben Schuhen. Es hat etwas mit Sonnenblumen auf sich, das mich begeistert, wahrscheinlich das Lebendige an ihnen. Ich widme meine Aufmerksamkeit wieder dem Bild vor mir.

Ich stehe auf, als ich bemerke, dass mein Fuß eingeschlafen ist. Wie lange ich wohl vor diesem Bild saß? Ich habe das Bild nur in Büchern betrachten können und doch kommt es mir vertraut vor. Irgendeine Erinnerung in meinem Kopf meldet sich beim Anblick dieses Bildes, doch ich weiß nicht, welche genau. Habe ich das Bild beim Museumsbesuch mit meinen Großeltern gesehen? Die beiden sind kunstbegeistert und haben mich oft mit ins Museum genommen, als ich jünger war. Doch an eine Ausstellung von Baumeister kann ich mich beim besten Willen nicht erinnern. Egal. Ich schüttle meinen Kopf leicht, um ihn wieder freizubekommen, und überlege, was ich jetzt machen könnte. Dann entschließe ich mich, mich noch ein wenig umzusehen. Es hängen auch viele Bilder von anderen, ebenfalls sehr bekannten Künstlern in der Sammlung und jedes einzelne Kunstwerk ist es wert, genauer betrachtet zu werden.
Sieht man die Emotionen, die Hintergedanken des Künstlers? Welche Geschichte steckt hinter dem Bild? Eine verlorene Liebe, Hass, Trauer oder einfach nur eine simple Idee, umgesetzt in einem abstrakten und interessanten Kunstwerk? Ich könnte Stunden damit verbringen, Bilder zu betrachten und mir solche Fragen zu stellen. Als ich gerade ein weiteres Werk ansehe, höre ich, wie die Tür sich öffnet. Dann ertönen Schritte im Eingangsbereich und mein Herz sinkt mir in die Knie, das kann nicht Herr Wenger sein. Ein Einbrecher? Habe ich die Tür nicht richtig verschlossen? Vorsichtig nehme ich mir meine Mappe aus der Tasche, die ich noch immer bei mir trage. Man kann ja nie wissen, vielleicht muss ich mich verteidigen.
Meine Sorge wird wie von einem Orkan weggeweht, als ich die Stimme von Frau Remus erkenne. Wie konnte ich das nur vergessen? Langsam lasse ich meine Mappe sinken und laufe in Richtung Eingangsbereich, wo mir Frau Remus schon entgegenkommt. Sie ist eine kleine zierliche

Dame, deren Haare zu einem klaren Bob geschnitten sind. Die dunkle Brille rahmt ihre strahlenden, dunklen Augen und setzt sich von den feinen Zügen ihres Gesichts ab. Sie trägt einen leichten blauen Sommerrock, der bei jedem Schritt nachfedert. Dazu eine weiße Bluse und hübsche dunkle Schuhe mit einem kleinen Absatz.
Sie schüttelt mir freudestrahlend die Hand. „Ich bin ja so froh, dass ich sie mit ihrer Arbeit unterstützen kann.“, sie lächelt mich an. „Die Kunst kommt bei so vielen Menschen einfach zu kurz.“
Ich nicke bestätigend. „Ich habe mich hier schon ein wenig umgesehen. Es ist umwerfend!“
„Nicht wahr? Diese Sammlung ist absolut traumhaft für Kunstliebhaber!“, sagt sie und stellt ihre Tasche ab. „Welches Kunstwerk hat sie bis jetzt am meisten beeindruckt?“
Kurz zögere ich, denke nach. Viele der Bilder hier sind beeindruckend, eigentlich alle sogar. Ich bin knapp davor, einfach mit alle zu antworten, doch dann ändere ich meine Meinung. „Eidos“, sage ich zögernd, „Ja, dieses Bild hat mich am meisten beeindruckt.“
„Das freut mich! Wissen sie, es ist auch eines meiner liebsten Ausstellungsstücke hier.“, meint sie und lächelt. Dann fragt sie, ob sie mich noch ein wenig herumführen könne, und ich nehme ihr Angebot dankend an.
Nachdem sie mir einiges über viele Kunstwerke erzählt hat, schaue ich auf die Uhr. Es ist bereits 16:43 Uhr. Die Zeit ist an diesem besonderen Ort wie im Flug vergangen, so langsam sollte ich wirklich mit meiner richtigen Arbeit anfangen. „Frau Remus, könnte ich vielleicht mal einen Blick in das Archiv werfen? Ich sollte für meine Doktorarbeit noch so einiges recherchieren und dort lässt sich bestimmt etwas Interessantes finden.“
„Aber natürlich!“, sie nickt, „Kommen Sie!“

Ich folge ihr über die kleine Treppe, die man gehen muss, wenn man in den unteren Teil der Ausstellung möchte, zurück nach oben. Hier steht ein großer, weißer Tisch mit Säulen an den Seiten, der sehr imposant wirkt und bestimmt einmal der Platz war, an dem gegessen oder bei Treffen miteinander gesprochen wurde. Ich wende meinen Blick ab und trete durch die Türe, die Frau Remus mir offenhält. Ich gelange in einen Flur mit mehreren Türen. Frau Remus, die hinter mir durch die Türe geht, läuft weiter und schließt mit einem Schlüssel eine weitere auf. „Hier ist das Archiv, falls sie irgendetwas brauchen, rufen sie einfach nach mir, ich bin im Büro."
Nickend wende mich ihr zu, als sie noch etwas hinzufügt: „Die Dokumente sind nach Jahreszahlen geordnet, falls sie nach irgendetwas Bestimmtem suchen wollen." Mit diesen Worten gibt sie mir das Findbuch und geht sie den Flur zurück und verschwindet dann hinter einer der Türen. Langsam, nahezu ehrfürchtig gehe ich an den verschiedenen Regalen entlang, die sich im Raum reihen, und betrachte dabei die Jahreszahlen, die auf den Kisten vermerkt sind. Die Bücher darin sind alle entweder grau oder schwarz. Ich ziehe eines davon heraus. „1965" steht auf dem Buchrücken. Ich lasse meine Tasche auf den Boden sinken und hole einen Stift und einen Block heraus, dem man ansehen kann, dass er schon ein wenig in Mitleidenschaft gezogen wurde. Dann schlage ich das Buch auf. Auf der ersten Seite hat jemand mit ordentlicher Handschrift ein Register geschrieben. „Tagebucheinträge Greta, Seite 9", „Zeitungsartikel, Seite 18", sind zwei der verschiedenen Teile.
Als ich eine Stunde damit verbracht habe, die verschiedenen Texte und Bilder anzuschauen, und nichts gefunden habe, was mich bei meiner Arbeit hätte weiterbringen können, beschließe ich, eine Pause zu machen und nachher systematisch mit dem Findbuch zu arbeiten. Ich stelle

das Buch zurück an den Platz, an den es gehört und hebe dann meine Tasche vom Boden auf. Anschließend gehe ich aus dem Raum, ziehe die Türe hinter mir zu und seufze leise. Die Luft in diesem Raum ist nicht die allerbeste und so langsam merke ich, dass ich wirklich eine Pause nötig habe. Ich gehe zu dem offenen Schreibtisch von Frau Remus, der etwas versteckt liegt. Sie sieht mich neugierig an. „Kann ich ihnen irgendwie helfen?“, fragt sie.
„Also eigentlich wollte ich nur Bescheid geben, dass ich eine kurze Pause machen werde. Kann ich meine Tasche irgendwo hier lassen?“.
„Aber natürlich!“, antwortet sie, „Lassen sie sie einfach hier stehen, bei uns kommt nichts weg.“ Ich nicke und stelle meine Tasche ab. Als ich gerade dabei bin zu gehen, fängt Frau Remus wieder an zu sprechen: „Hätten sie gerne einen Kaffee? Wir haben eine recht gute Maschine hier im Büro und Kekse gibt es auch.“
„Das wäre super lieb!“, sage ich und lächele sie an. Sie nickt und verschwindet wieder in den Privaträumen der Domnicks. Kurz darauf ertönt das Summen einer Maschine und der Geruch von Kaffee steigt in die Luft. Zwei Minuten später steht Frau Remus mit einer Tasse Kaffee und einem Schokoladenkeks vor mir, was sie mir beides in die Hände drückt.
„Vielen Dank!“
„Ach, kein Problem, falls sie sonst noch was brauchen, melden sie sich einfach. Sie wissen ja, wo sie mich finden können“, antwortet sie mir und ist kurz darauf wieder hinter ihrem Schreibtisch verschwunden.
Mit meiner warmen Tasse Kaffee und dem Keks in der Hand mache ich mich auf den Weg nach draußen, bedacht darauf, nichts zu verschütten oder vollzukrümeln.
Draußen angekommen, setze ich mich auf eine Bank neben dem Eingang und nehme einen Schluck von meinem Kaffee. Danach beiße ich genüsslich von meinem Keks ab

und lächle zufrieden: So kann man es aushalten. Eine Weile bleibe ich noch sitzen, dann beschließe ich, aufzustehen und mich draußen ein wenig genauer umzusehen. Ich gehe einen der kleinen, dünnen Wege entlang, der eine kleine Runde durch den Park macht, und sehe mir dabei die Skulpturen an. Sie sind alle schon vom Wetter ein kleines bisschen mitgenommen und doch haben sie ihre Eleganz nicht verloren. Ich beiße noch einmal von dem Keks ab und gehe dann weiter. Als ein Eichhörnchen über die Wiese zum nächsten Baum hüpft, beobachte ich es dabei, wie es geschickt den Baum hinaufspringt und dann in den Ästen verschwindet. Ob die Domnicks früher auch hier spazieren gegangen sind nach einem langen Arbeitstag und sich an der Natur erfreut haben? Ich kann es mir gut vorstellen, wie sie hier entlang geschlendert sind und miteinander über alles Mögliche geredet haben. Vielleicht sogar über den Kauf eines neuen Kunstwerks oder mit wem sie sich treffen könnten.
Nachdem ich den Eingang wieder erreicht habe, ist auch meine Tasse leer und den Keks habe ich aufgegessen. Zufrieden atme ich noch einmal tief durch und begebe mich dann wieder ins Innere des Hauses. „Ich bin wieder da!“, rufe ich in Richtung des Schreibtischs, an dem Frau Remus hoffentlich immer noch sitzt und ich nicht gerade ins Leere gerufen habe. Keine Antwort.
„Frau Remus? Entschuldigung, Frau Remus?“, rufe ich noch einmal und bin bemüht, die Unsicherheit in meine Stimme zu unterdrücken, doch ich kann selbst hören, dass mir das nur kaum gelingt. Ich zögere kurz, dann gehe ich auf den Schreibtisch zu, wahrscheinlich hat sie mich einfach nicht gehört. Als ich die an den Stufen stehe, die zu dem angesperrten Bereich führen, in dem der Schreibtisch steht, blicke ich auf einen verlassenen Schreibtisch, Papier liegt überall verteilt und eine rot-weiß gepunktete Kaffeetasse liegt zerbrochen auf dem Boden. Was ist hier

passiert? Ich spüre, wie meine Fantasie mit mir durchgeht und zwinge mich, mir nicht das Schlimmste auszumalen, da höre ich auch schon das Klackern der Absätze von Frau Remus näherkommen und atme erleichtert auf.
„Frau Ehmann?“ Ich drehe mich um und Blicke in das zuvor so freundliche Gesicht von Frau Remus, das jetzt doch etwas angespannt scheint.
„Entschuldigen sie die Störung.“, stammle ich, „Ich wollte nur sagen, dass ich wieder da bin. Was ist denn hier passiert?“ Ich sehe sie fragend an und lächle.
Sie scheint, sich sichtlich zu entspannen: „Alles gut. Das war nur der Wind. Da will man einmal hier etwas frische Luft reinlassen und dann sowas.“ Sie lacht. „Jetzt wissen wir wohl, warum es hier so wenige Fenster gibt.“
Ich lache ebenfalls: „Ja, das muss es wohl sein.“
„Ich will sie nicht lange aufhalten.“ sagt Frau Remus und ich bin ihr dankbar dafür, denn ich sollte heute wirklich noch etwas erreichen, auch wenn ich stundenlang einfach nur die Kunstwerke bestaunen und mit Frau Remus quatschen könnte. Also mache ich mich wieder auf den Weg in das Archiv mit neuer Motivation und Energie, was so eine Tasse Kaffee und ein paar Kekse bewirken können, denke ich und schmunzle.
Ich lasse mich auf den Stuhl vor dem Schreibtisch sinken und blicke auf die Akten, die sich vor mir beunruhigend hoch und schief auf der Ablage türmen. Das wird ein langer Nachmittag, denke ich und klappe meinen Laptop auf. Das noch beständige Klackern meiner Fingernägel auf der Tastatur beginnt, nach und nach langsamer zu werden, und mit meiner Abhandlung komme ich nicht wirklich voran, bis ich schließlich in Gretas Tagebuch auf einen Eintrag über Willi Baumeister stoße, der mein Interesse weckt. Mir war nicht bewusst gewesen, dass zwischen ihnen mehr als eine geschäftliche Beziehung bestand.

Neugierig blättere ich durch den Eintrag. Damit kann ich arbeiten, stelle ich zufrieden fest.
Die Wasserflasche neben mir wird nach und nach leerer und meine Notizen länger. Zufrieden lese ich noch einmal über all das, was ich heute geschrieben habe.
„Frau Ehmann?“ Frau Remus Stimme ertönt im Flur hinter mir. Perfektes Timing, dann kann ich sie nach den Bildern fragen. Ihr freundliches Gesicht erscheint im Türrahmen: „Ich wollte ihnen Bescheid geben, dass ich jetzt gehen würde, also falls sie noch Fragen haben, wäre jetzt ein guter Zeitpunkt.“, sagt sie lächelnd und fügt hinzu: „Ich sehe, sie sind noch sehr beschäftigt. Kommen sie, ich gebe ihnen einen Schlüssel für Notfälle. Wenn Sie gehen, dann schließen sie bitte die Tür sorgsam ab und geben bitte Herrn Wenger Bescheid. Er bewohnt die Privaträume und kann dann die Alarmanlage einschalten.“ Sie löst einen Schlüssel von ihrem schweren Schlüsselbund und übergibt ihn mir. „Frau Ehmann, ich muss sie ausdrücklich bitten, auf den Schlüssel gut zu achten. Ich mache das normal nicht, aber ich vertraue ihnen und möchte sie bei ihrer leidenschaftlichen Arbeit unterstützen. Ich möchte diese Entscheidung nicht bereuen müssen.“, belehrt mich Frau Remus mit ernstem Blick, der ihren Worten Nachdruck verleiht. Dann fügt sie noch hinzu: „Kann ich ihnen noch irgendwie behilflich sein?“
„Ja, das können sie tatsächlich. Könnten sie mir sagen, wo die Bilder sind, von denen sie vorhin gesprochen haben?“
„Gleich hier.“ Sie deutet auf einen unscheinbaren grauen Pappkarton zu meinen Füßen, der mir bisher noch gar nicht aufgefallen ist. „Kann ich ihnen sonst noch helfen?“
Ich schüttle den Kopf: „Nein, vielen Dank.“
Nachdem ich mich von Frau Remus verabschiedet habe, mache ich mich endlich an die Schachtel mit den Bildern. Meine Fingerspitzen streicheln über die aufgeraute Pappe der Kiste und ich hebe den Deckel vorsichtig ab. Zum

Vorschein kommen ein paar ordentlich beschriftete Fotoalben, sortiert nach Ereignissen und Jahreszahlen von neu nach alt. Ich weiß nicht, wie viel Zeit vergangen ist, als ich das letzte Album aus der Schachtel hebe: „1967: Einweihungsfeier" steht mit Druckbuchstaben auf dem Einband. Ich schlage das rote Hardcover auf und blicke auf ein Bild eines Paares, die Dominicks, bei der Einweihung ihres „Museums zum Wohnen". Glücklich und stolz blickten sie in die Kamera. Die Stimmung scheint ausgelassen zu sein. Ich blättere weiter. Überfliege die zahlreichen Bilder, auf denen Gäste und die Gemälde im Hintergrund zu sehen sind. Doch dann bleibt mein Blick an einem Bild hängen. Die Dominicks stehen rechts und links neben einem Mann mittleren Alters. Ein Mann, den ich irgendwoher kenne, oder zumindest glaube ich, dass ich dieses markante Kinn und die lieben Augen schon irgendwo einmal gesehen habe! Ich schaue genauer hin. Nein, ich weiß nicht, wer das ist. Wer ist mir schon bekannt, der in diesem Alter sein könnte? Und doch kann ich das Gefühl, dass er mir vertraut ist, nicht abschütteln. Es kriecht langsam in mich hinein und setzt sich in meinem Kopf fest. Ich kann diese Person gar nicht kennen. Das Bild wurde doch vor meiner Geburt aufgenommen. Und trotzdem werde ich das Gefühl der Vertrautheit nicht los. Es ist so, als würde mein Gehirn genau diese Information vor mir geheim halten wollen. Ich weiß, dass sie da ist, aber ich kann sie nicht abrufen. Ich schüttle meinen Kopf, um die Gedanken loszuwerden. Wahrscheinlich ist es wieder nur meine Fantasie, doch ich könnte schwören, dass ich ihn schon irgendwo gesehen habe.

Nachdem ich noch eine Weile darüber gegrübelt habe, woher ich die Person auf dem Bild kenne, es mir aber nicht einfallen will, seufze ich und gebe auf. Vermutlich wird es mir in den nächsten Tagen einfallen und dann

werde ich mich ärgern, dass ich nicht früher darauf gekommen bin. Ich stehe auf, nehme meine Tasche und gehe aus dem Raum. Als ich die Archivür gewissenhaft geschlossen habe, merke ich, dass ich langsam müde werde. Obwohl ich nicht viel gemacht habe, freue ich mich schon auf die Pension, in der ich mir für die nächsten Tage ein Zimmer gemietet habe, um nicht dauernd zwischen München und Nürtingen hin- und herfahren zu müssen. Ich ziehe mein Smartphone aus der Tasche, um auf die Uhr zu schauen: 00.32 Uhr. Die Zeit hier vergeht wirklich wie im Flug. Ich mache mich auf den Weg zum Ausgang, lösche die Lichter und schließe auch die Museumstür hinter mir ab, als ich draußen bin. Herr Wenger hatte die Alarmanlage schon eingeschaltet, hoffentlich habe ich diese nicht irgendwie ausgelöst. Ich beschließe, kurz zu warten.
Es ist dunkel und die Bäume wirken jetzt nicht mehr friedlich, wie sie es am Nachmittag getan haben, sondern eher bedrückend und einschüchternd. Eine Gänsehaut zieht sich über meine Arme und ich erschaudere, dann ziehe ich meine dünne Jacke fester um mich und prüfe noch einmal, ob ich die Tür richtig abgeschlossen habe. Nicht, dass wegen mir hier eingebrochen wird. Als ich mir sicher bin, dass die Tür wirklich fest verschlossen ist und ich keine Sirenen höre, gehe ich den kleinen Weg an der Bocciabahn entlang zurück zu dem Gartentor, welches dieses Grundstück vor der Außenwelt versperrt und gleichzeitig auch schützt. Ich öffne es, schlüpfe durch den Spalt nach draußen und ziehe das Tor dann wieder zu, was es mit einem Quietschen quittiert. Anschließend bleibe ich kurz stehen, sehe mich noch einmal um und gehe dann zu meinem Auto zurück. Ich schließe es auf, öffne die Fahrertür und lasse mich in den Sitz sinken, nachdem ich die Tasche auf den Beifahrersitz geschleudert habe. Der Motor rumpelt kurz, als ich ihn starte, und gibt dann ein gleichmäßiges Geräusch von sich. Rückwärtsfahrend parke ich aus,

werfe dabei nochmal einen Blick auf das Gebäude und steuere dann langsam auf den Weg zurück zur Straße. Dort ist nicht viel los und ich kann direkt auf die kurvige Straße abbiegen. So langsam freue ich mich schon richtig auf eine gesunde Portion Schlaf. Ich schalte das Radio ein und lasse mich von der Musik beruhigen, die sacht ertönt. Abends finde ich es meistens sehr entspannend, noch ein wenig Musik zu hören oder ein gutes Buch zu lesen. Als das Lied endet, kommen Nachrichten und ich drehe die Lautstärke etwas auf und die Stimme des Nachrichtensprechers rüttelt mich auf: „Ben wird bei seinem Projekt von seinem Großvater mit Rat und Tat unterstützt."
Großvater. Natürlich. Die Person auf dem Bild, die mich an jemanden erinnert hat, sieht meinem Großvater ähnlich. Dass ich darauf nicht gekommen bin. Es kann aber auch sein, dass er es gar nicht ist und es einfach eine Person ist, die ihm ähnlich sieht. Die Qualität des Bildes ist nicht die beste und außerdem ist es auch ein wenig verwackelt. Trotzdem bin ich froh, darauf gekommen zu sein, sonst hätte mich diese Frage noch zu lange gequält.
Was ich aber noch nicht weiß, ist, warum mich „Eidos" so in seinen Bann zieht. Irgendwoher kenne ich dieses Bild, genau wie ich die Person auf dem Bild irgendwoher zu kennen glaube. Dann trifft mich die Erkenntnis wie ein Blitz. Ich habe das Bild schon einmal gesehen. Ich bin mir sicher, es war bei meinen Großeltern. Oder nicht? Spinne ich jetzt vollkommen oder spielt mir die Müdigkeit einen Streich? Das kann doch gar nicht sein. Bestimmt bilde ich mir das nur ein oder sie hatten einfach ein Poster oder so etwas von diesem Bild, eine Kopie irgendwo. Das wird es sein. Sicher hat Großmutter das Bild aus einer ihrer Zeitschriften geschnitten und mal einige Zeit in der Küche aufgehängt. In meinen Kopf schleicht sich eine Idee.
Wo ich gerade an sie denke, ich könnte einfach morgen zu ihr fahren und sie im Seniorenheim in Stuttgart besuchen.

Es ist schon länger her gewesen, dass ich ihr dort einen Besuch abgestattet habe und bei der Gelegenheit könnte ich sie auch gleich wegen des Fotos und des Bildes fragen, auch wenn sie sich schwerlich an so etwas Belangloses erinnern wird. Ich bin mir ja selbst nicht sicher, ob ich es wirklich sah. Sie ist auch noch ein wenig vergesslich, aber sie weiß bestimmt noch, ob Opa etwas mit den Domnicks zu tun hatte. Zufrieden über meine Idee parke ich mein Auto vor der Pension, bei der ich inzwischen angekommen bin, und steige dann aus, hole meine Sachen aus dem Kofferraum und laufe auf das einladende Haus zu.
Als ich endlich im Bett liege, denke ich noch einmal über meinen Plan für den morgigen Tag nach. Ich würde meine Oma wiedersehen und hoffentlich noch etwas mehr herausfinden. Ja, das ist ein guter Plan. Mit diesem Gedanken schlafe ich ein und sinke hinab in das Land der Träume.

Dezember 1946

Es war kalt, es war sehr kalt hier in dieser kleinen Stuttgarter Gasse. Ottomar Domnick, wohl genährter Mann, dessen Brille, feine Kleidung und beginnender Haarausfall den kindlich freundlichen Charm seiner Augen nicht verbergen konnten, griff in seine Tasche und holte eine Schachtel Zigaretten heraus. Als Arzt der Neurologie und Psychiatrie war ihm das Risiko des Rauchens wohl bekannt. Aber wie mit so vielen Dingen gehörte das Rauchen zu denen, die er aus dem Krieg mitgebracht hatte.
Der Krieg war vorbei, schon fast zwei Jahre, doch die Nachwirkungen dauerten an. Man hatte Deutschland von den Nazis befreit. Doch wie mit so vielen Dingen hatte die Medaille zwei Seiten, wie er gerne sagte. Die Engländer, Franzosen, Kanadier, die Genossen der Sowjetunion und die Amerikaner hatten Deutschland zwar befreit, doch versuchten sie nun den eigenen Profit aus der Sache zu schlagen. Es tat weh zu sehen, wie sie sich stritten auch um das kleinste Stück des so berühmten deutschen Erfindergeistes, der ihnen noch einige Jahre zuvor solches Kopfzerbrechen beschert hatte. Sie feierten sich als Helden und verurteilten die Taten der Deutschen unwissend, dass sie auf dem besten Weg waren, noch viel schlimmeres Leid auf dieser Welt zu vergießen.
Es schmerzte ihn immer wieder, dass der Krieg nicht eher vorbei gewesen war, zu gern hätte er den Erfolg der Operation Walküre miterlebt. Zu gern hätte er gesehen, wie die einzelnen Nationen sich die Hand gegeben hätten und er nie eingezogen worden wäre. Doch nun war der Krieg vorbei und hatte nicht mehr als Leid gebracht. Man sah es ihm und den meisten nicht an, aber der Krieg hatte sie verändert. Es hatte angefangen mit den Zigaretten, ging weiter mit einer gröberen Sprache und endete mit dem Hass

auf die eigene Führungsetage. Krieg veränderte Menschen, diese Erfahrung musste er machen, als Lazarettarzt, als Freund und als Soldat.
Er war mit dem Fahrrad aus Breslau zurückgekommen. Der Weg war lang und schmerzhaft, trotzdem war er glücklich, dass er nicht an der Ostfront geblieben war, um als Toter oder Kriegsgefangener zu enden. Aber zurück in Stuttgart hatte er nicht lange auf sich warten lassen und sofort mit dem Aufbau einer neuen Privatklinik begonnen. Seine Frau Greta half ihm, wo sie konnte, und schon jetzt standen sie – finanziell gesehen – nicht mehr schlecht da.
Ein Hupen! Er sprang auf die Seite und ließ den an ihm vorbeirasenden Käfer durch. Er war, wie so häufig in letzter Zeit, in Gedanken versunken – in Gedanken über den Krieg – und mitten auf der Fahrspur einer Gasse stehen geblieben. Er machte sich Sorgen, auch jetzt noch, wo er durch diese Straße lief, diese kleine Gasse im Herzen von Stuttgart. Es tat gut zu laufen, einfach mal raus aus seiner Praxis und rein in das „normale" Leben. Schneeflocken fielen vom Himmel, Kinder spielten in der Gasse vor ihm und endlich war er in der Gerokstraße angekommen, er steuerte die Neurologische und Psychiatrische Praxis vor ihm an. Seine Praxis!
Er stieg die Treppe hinauf – Schritt für Schritt. Es knarzte unter ihm, als er endlich die neu eingerichtete Wohnebene erreichte. Hinter der gläsernen Tür hörte er die Stimmen seiner Frau Greta und die Stimmen eines Bekannten. Eines Bekannten, den er mittlerweile seit zwei Wochen nicht mehr gesehen hatte. Es war niemand anderes als sein guter Freund Willi – Willi Baumeister. Ottomar betrat den Flur und schon kam ihm seine Frau in der Hoffnung entgegen, eine Milchtüte in seiner Hand zu erblicken, doch wieder hatte er vergessen einzukaufen, obwohl das das einzige gewesen war, weshalb Greta ihn weggeschickt hatte. Doch wie so häufig in letzter Zeit war er losgelaufen

und auf halber Strecke umgekehrt, um ein Glas Wein mit den anderen Kunstliebhabern zu trinken.
„Ottomar, wo ist die Milch?"
Gretas Worte holten ihn – wie sonst auch – aus seiner Trance und ließen ihn nicht mehr stammeln als ein fast schon gequältes: „Hab ich vergessen. Tut mir leid, mein Schatz." Er gab ihr einen Kuss. Sie war keine Schönheit. Das wusste er, doch sie hatte ein gutes Stilbewusstsein und verlieh mit ausgewählter Kleidung und einer feinen Frisur ihrer hellen Haare den groben Zügen und der recht großen Nase ein elegantes Aussehen.
Sein Freund Willi kam hinter Ottomars Frau aus dem Wohnzimmer. Seine massige Gestalt mit dem freundlichen Gesicht und den streng nach hinten gekämmten Haaren schuf bei jedem sofort das wohlige Gefühl von Freundschaft. „Das war mal wieder klar. Der Mann, der tagtäglich anderen Menschen helfen will über den Krieg hinwegzukommen, hat so starke Probleme, mit dem Krieg fertig zu werden, wie kein anderer.", sagte Willi leider nicht in dem für ihn so typischen lässigen Ton, sondern in einem traurigen und mitfühlenden.
Doch das war nicht das, was Ottomar hören wollte. Nein, das war es ganz und gar nicht. Es ärgerte ihn. Er wollte kein Mitleid! Er wollte konstruktive Vorschläge für eine Besserung und das wusste Willi. Und da griff er auch schon nach einem schmalen, grau-schwarzen Umhang. der neben ihm an der Wand lehnte.
„Ich hatte noch keine Zeit, es Greta zu zeigen, aber, wenn ich vorstellen darf...", sagte er und zog ein frisch gerahmtes Bild unter dem Umhang hervor. „Et voila, Eidos!"
Voller Staunen schauten Greta und Ottomar auf das Gemälde. Es waren runde Figuren darauf, die in Farben getaucht schienen. Einige Figuren waren größer, andere kleiner und in der Mitte tanzten fünf schwarze Figuren. Es schien, als seien sie von einer anderen Macht getragen.

Diese Figuren waren über den runden Figuren, den anderen Teilen und über sich selbst, als ob sie nur von einer anderen Verständnisstufe erkannt werden konnten. Es war unglaublich und es erinnerte Ottmar an eine Lupe mit der man nahezu alles im kleinsten Detail erspähen konnte.
„Ein Prachtwerk!“, war das einzige, was Greta herausbrachte, erstaunt über die extravagante Ausstrahlung des Bildes und dessen Malers, die in einem kleinen perfekten Augenblick miteinander zu einem großem Ganzen verschmolzen.
„Egal, wie viel dir geboten wird, ich biete das Doppelte und 60 Flaschen Rotwein oben drauf.", rief Greta in den Raum und versuchte, sich nach langem Staunen von Eidos abzuwenden.
„Deshalb habe ich euch das Bild eigentlich nicht mitgebracht.", entgegnete Baumeister.
„Warum denn dann?" fragte Ottomar leicht gereizt.
„Na gut, du hast mich erwischt. Eigentlich habe ich es bereits Pierre versprochen, er hat das Bild mitgestaltet. Er kann jedoch nur maximal 100 Franc bieten, aber das reicht einfach nicht, um die Medikamente zu bezahlen.", erwiderte Willi Baumeister etwas niedergeschlagen.
Ottomar wusste, dass Willi niemals ein Versprechen brechen würde, vor allem nicht, wenn es um seine Bilder ging, aber nach dem Krieg waren Medikamente teuer geworden und als dessen Frau diesen Winter erkrankte, hatte sich das Ersparte schnell in Luft aufgelöst. Er konnte Willi verstehen, aber war es in Ordnung, dass er sich nun am Leid anderer bereicherte? Ottomar wusste es zu diesem Zeitpunkt nicht, doch auch Jahre später würde er es sowohl als Niederlage als auch Gewinn empfinden.
„Wir kaufen es!", beschloss Greta, ging ins Schlafzimmer und kam mit dem Geld zurück.
Willi bedankte sich und versicherte ihnen, dass er am darauffolgenden Tag kommen werde, um die Weinflaschen

zu holen. Er schaute bedrückt und gab das Bild sichtlich ungern aus der Hand. War ihm das Bild so wichtig? Wahrscheinlich schon, es mussten viele Erinnerungen daran haften. Willi verabschiedete sich kurz und ging dann mit ernster Miene nach Hause.
„Er wollte nicht lange bleiben.", stellte Greta fest.
„Er hasst es, wenn er ein Versprechen brechen muss.", merkte Ottomar klar und kurz an.
„Ja, aber was ist an dem Bild so besonders, dass es ihm so weh tut?" fragte sie mit leiser Stimme und betrachtete das Bild erneut.
„Es ist das Bild, das immer ganz hinten im Atelier stand.", betonte Ottomar und blickte sie mit einem von Traurigkeit belasteten Blick an.
„Ich bin mir nicht sicher, ob wir das hätten tun dürfen. Ich meine, ja klar, er war hier, um es zu verkaufen, aber ist es richtig, dass wir Pierre ein so schönes Bild vor der Nase wegschnappen?" überlegte Greta laut.
"Nein, das ist es nicht, aber er braucht das Geld und Pierre hatte genug Zeit, um es zu kaufen. Und naja, ich weiß nicht, warum, aber dieses Bild ist einfach nur atemberaubend. Ein Wesen mit Werkzeug und unbeschreiblicher Schönheit und ein Schatten, der es bedeckt, es fast schon auffrisst." erwiderte er und legte seinen Arm um ihre Schulter.
„Ich sehe es zwar anders, aber du hast Recht, es ist wunderschön."
Ottomar stand auf und blickte seiner geistreichen Frau in die Augen: „Soll ich noch eine Flasche Wein aufmachen?”
Greta erwiderte seinen Blick voll Zärtlichkeit und seufzte erleichtert: „Gute Idee. Eine Flasche des Bodenseeweins, den wir neulich erworben haben, wäre doch noch ein guter Abschluss des Tages.“

Ottomar stieg die abgewetzten Stufen der Treppe hinunter und öffnete die schwere Tür zur Garage ihres Wohnhauses, in der sie ihren wohl ausgesuchten Wein lagerten. Sie hatten noch nicht genügend Geld für ein repräsentatives Auto, aber Ottomar hatte sich schon lange überlegt, eines zu kaufen. Während er in die Garage lief, dachte er darüber nach, wie er das am besten seiner Frau sagen konnte. Endlich hatte er eine Flasche des Weines gefunden. Sie genossen doch des Öfteren das eine oder andere Gläschen eines edlen Tropfens. Er hatte zur Feier des Tages den Lieblingswein seiner Frau rausgesucht, um ihr eine Freude zu machen, aber es war ein teurer Wein. Ottomar nahm die Flasche sicher und ging zur Tür zurück. Beim Verlassen des Raumes schaute er nochmals über seinen Besitz.

Als er in gewohnter Gangart ins Zimmer zurückkehrte, zeigte Ottomar seiner Frau die Flasche. „Das ist die vorletzte Flasche. Leider geht unser Vorrat dem Ende zu und wenn wir Baumeister jetzt noch 60 Flaschen des Weines von der Stuttgarter Winzerin geben müssen, haben wir bald nur noch die Sammlung."

Ottomar dekantierte den Wein gekonnt, wie an so vielen Abenden zuvor, und holte zwei sacht klirrende Gläser aus dem Schrank. „Wir sollten darauf anstoßen, dass wir so einen guten Kauf gemacht haben."

Er stellte die Kristallgläser auf den Tisch und setzte sich neben seine Frau. Den Blick auf den zarten Fettfilm in seinem Glas gerichtet, der beim Schwenken Schlieren zog, eröffnete er seiner Frau seinen Wunsch: „Ich muss dir etwas sagen. Ich habe mir überlegt, ein Auto zu kaufen."

Ein kurzer Augenblick der Stille ergriff den Raum, doch diese wurde, schneller als Ottomar dachte, von Gretas freudigen Worten unterbrochen: „Ich finde, das ist eine hervorragende Idee."

Der Gedanke, ein Auto zu haben, gefiel ihr sehr gut. Der Krieg hatte beiden zu schaffen gemacht, Greta erinnerte sich, wie viel Angst sie gehabt hatte, als ihr Mann als Feldarzt im Krieg gewesen war. Sie hatte immer Angst gehabt, dass eines Morgens ein Bote sie aufsuchte und ihr mitteilte, dass ihr Mann gestorben war. Nachdem der Krieg vorbei war und sie gehörte, dass ihr Mann geflohen war, war sie erleichtert. Sie versuchte, alle möglichen Freunde und Familien zu kontaktieren, um Ottomar zu finden. Gerade war sie 37 geworden und hatte einen tollen Mann geheiratet, der nebenbei auch noch den gleichen Beruf hatte wie sie. Sie hatte sich nie vorstellen können, einen so talentierten und netten Mann zu haben. Zum Glück hatten sie sich wiedergefunden. Und jetzt haben sie ihre Praxis wiederaufgebaut und lebten zusammen dort. Ihre gemeinsame Liebe für abstrakte Kunst verband sie auf eine Art, die sie noch nie zuvor gespürt hatte. Sie schaute ihn an. Das war der Mann, mit dem sie immer zusammenbleiben wollte, aber sie war beunruhigt, weil sie spürte, dass der Krieg ihn noch immer verfolgte. Der Blick auf „Eidos“ hatte wahrscheinlich Erinnerungen in ihm geweckt, die sie nicht verstand.
Sie nahm seine Hand, die bisher ruhig auf ihrem Knie verharrte. „Du hast mir nie so richtig vom Krieg erzählt. Ich bin deine Frau und auch deine Psychiaterin und deine Freundin. Ich spüre, dass dich das immer noch verfolgt. Vielleicht können wir den Schmerz lindern oder ich helfe dir, ihn durchzustehen. Bitte gib mir eine Chance zu verstehen, was in dir vorgeht.“
Ottomar antwortete: „Morgen, Greta, morgen. Heute ist es schon zu spät und ich bin zu müde, um dir alles zu erzählen. Aber ich verspreche dir, ich werde Dir alles erzählen, was vorgefallen ist, vielleicht kann ich dann auch damit abschließen. Ich gehe jetzt ins Bett.“ Er löste seine Hand mit einem Hauch zu starker Bestimmtheit aus der

ihren, stellte sein noch halbvolles Glas auf den Tisch und gab seiner Frau einen mechanisch wirkenden Kuss auf die Stirn. Er ging ohne weitere Worte aus dem Raum, wissend, dass ihre Blicke auf ihm ruhten, wissend, dass er ihr nie alles würde erzählen können.
Greta blieb sitzen und grübelte darüber nach, was vorgefallen war, dass Ottomar selbst nach zwei Flaschen Wein nicht darüber reden wollte. Sie hoffte wirklich, dass Ottomar ihr am nächsten Morgen endlich alles erzählen würde. Sie verstand, dass der Krieg hart gewesen war. Ja, er war noch schlimmer gewesen, als sie es sich jemals vorstellen konnte. Sie überlegte, was sie in Ottomars Situation getan hätte. Wahrscheinlich sähe sie jedes Mal, wenn sie ihre Augen schloss, die Verletzten, denen sie helfen musste. Sie schauderte. Jetzt wusste sie, dass sie ihrem Mann noch mehr als zuvor zur Seite stehen musste. Sie verband um so vieles mehr und sie glaubt daran, dass dies die Wunden heilen würde.

Es war Sonntagmorgen als Willi an seinem Künstlertisch in dem Atelier saß. Er war bedrückt. So bedrückt und verzweifelt, dass er nicht in die Kirche gehen wollte, obwohl er diese sonst nie ausließ. Er brauchte Zeit für sich, weil er wusste, dass er einen schweren Fehler begangen hatte. Ihm war klar, er hätte dieses Bild nicht verkaufen dürfen, aber andererseits hatte er es einfach tun müssen. Eine andere Möglichkeit hatte es nicht gegeben. Die Domnicks waren begeistert gewesen und hatten das Bild sofort gekauft. Er freute sich für seine lieben Freunde und er wusste, dass das Bild bei ihnen in guten Händen war. Aber trotzdem hatte er Gewissensbisse. Seufzend stand er von seinem kleinen Tisch auf und kochte sich noch einen Kaffee. Während er Wasser warm machte, überlegte er, was er Pierre sagen sollte, wenn er hier aufkreuzte. Sollte er ihn wegschicken? Konnte er überhaupt erwarten, dass er seine Entscheidung respektierte? Pierre war schon immer ein sehr impulsiver Mensch gewesen – Willi hatte das schon ein paar Mal erfahren müssen. Einerseits wollte er ein guter Freund sein, andererseits ging es um seine Frau, verdammt! Er konnte ihr sonst nicht die Medikamente kaufen, die sie brauchte, und Almosen annehmen, kam auf keinen Fall infrage!

Willi rieb sich verzweifelt über die Augen. Er wollte nicht, dass die Freundschaft mit Pierre zu einer Feindschaft wurde, aber er wollte auch nicht, dass seine geliebte Frau nie mehr wieder gesund würde. Willi stellte seine noch leere Tasse mit einem Knall auf den Tisch. Er wünschte sich, dass seine Frau wieder gesund würde und deshalb musste er das Bild verkaufen! Keine Macht der Welt konnte ihm jetzt ein schlechtes Gewissen einreden, weil seine Familie wichtiger war als jedes Werk, als all diese Werke!

Als er gerade an einem neuen Bildentwurf arbeitete, sah er aus dem Augenwinkel, dass sich eine Gestalt näherte, die gleich an der Haustüre sein musste. Er legte den Bleistift, den er soeben in der Hand gehabt hatte, wieder auf den Tisch und öffnete seinem Besucher mit einem mulmigen Gefühl die Türe. Was, wenn es Pierre war? Als die Türe ein Spalt weit geöffnet war, sah Willi, dass es tatsächlich Pierre war, der lächelnd vor der Türe wartete. Er wappnete sich schon einmal für einen Streit, als er seinem Freund in die Augen sah. Er würde nicht nachgeben und das Bild zurückfordern. Seine Entscheidung war getroffen. Pierre war ein junger, hoch gewachsener kräftiger Franzose, der ein wenig strenge, aber trotzdem nette Gesichtszüge aufwies. Er kam sofort rein und schüttelte gut gelaunt Willis Hand. Anscheinend wusste er noch nicht, dass Willi ihr gemeinsames Bild ohne sein Einverständnis verkauft hatte. Er war den Domnicks also noch nicht begegnet.

„Willi! Schön, dich mal wiederzusehen. Ich dachte, ich komme mal vorbei, weil ich dir etwas Wichtiges sagen muss.“ Sein Gesicht strahlte regelrecht vor Freude.
Willi versuchte zu lächeln. „Setz dich doch erst mal, alter Freund, wo es Platz hat, ich muss dir nämlich auch etwas sagen. Aber zuerst koche ich dir einen Kaffee.“ Während Willi den Kaffee aufbrühte, überlegte er, was Pierre wohl loswerden wollte. Vielleicht hatte er die Entscheidung getroffen, dass sie das Bild verkaufen sollten, was Willi ja bereits getan hatte. Er spürte neue Hoffnung in sich wachsen, aber da fing sein Gast schon an zu erzählen.
„Angelika und ich haben uns endlich verlobt! Ich habe sie endlich gefragt. Du weißt ja, ich war mir doch unsicher, wie sie reagieren würde. Wir waren Schlittschuhlaufen und da konnte ich nicht anders, als diese wunderschöne Frau um ihre Hand zu fragen! Wir sind beide so begeistert!“
Willi musste seinen Kopf fast krampfhaft versteifen, denn beinahe hätte er diesen einfach hängen lassen. Es ging doch nicht um das Bild! Wie um alles in der Welt konnte er Pierre jetzt noch erzählen, dass das Bild verkauft war? So wie er ihn kannte, wollte er das Bild selbst haben. Doch das ging ja jetzt nicht mehr. Aber er erinnerte sich daran, dass er nicht nachgeben durfte -- komme, was wolle! Pierre hörte gar nicht auf und sprach die Worte aus, die Willi nicht zu hören hoffte: „Ich habe jetzt auch beschlossen, als Künstler zu arbeiten, vielleicht kann ich so genug Geld verdienen, um unser gemeinsames Bild zu kaufen. Natürlich nur, wenn es für dich in Ordnung ist. Es steht ja sowieso nur bei dir rum.“
Willi zuckte zusammen. Warum musste er immer Recht haben? Sie hatten dieses Bild gemeinsam konzipiert. Sie hatten viele Gespräche über die Umsetzung und die Möglichkeiten der Darstellung ihrer Gefühle gesprochen. Willi

verstand, warum ihm das Bild so wichtig war, doch umgesetzt und gemalt hatte er es allein. Er drehte sich wieder zu Pierre um: „Also Pierre…“, aber sein Freund war noch nicht fertig. „Willi, dieses Bild ist fantastisch, einzigartig, ja, ich muss sagen, es ist perfekt! Ich würde es wirklich gerne in Angelikas und meine Wohnung hängen. Du musst schon zugeben, alter Freund, es ist uns so gut gelungen, die Gefühle, die uns im Krieg anhafteten, in das Bild fließen zu lassen, dass ich jedes Mal eine Gänsehaut bekomme, wenn ich es betrachte. Wo ist es denn? Es war doch eigentlich immer in dieser Ecke. Wo hast du es denn hingestellt?“ Er stand auf und schaute sich suchend in dem kleinen Atelier um.

Willi sah die Blicke seines Freundes und, so sehr sie ihn auch schmerzten, er musste es ihm sagen. Besser kurz und schmerzlos: „Pierre, ich habe unser Bild verkauft.“ Es war raus. Pierre blieb wie angewurzelt stehen, dann drehte er sich endlich um. Er blickte Willi in die Augen. Aber dieser konnte nicht herauslesen, was sein Gegenüber dachte. Für einen kurzen Moment glaubte er, es sei Enttäuschung, aber er musste sich geirrt haben, denn jetzt sah Pierre nur noch traurig aus. Doch da war noch etwas anderes. Etwas Komisches, das er nicht deuten konnte.

„Warum?“, war Pierres einzige, ruhige Frage.

Willi war überrascht. Er hatte eine Auseinandersetzung erwartet, vielleicht auch einen handgreiflichen Streit, aber, dass Pierre so ruhig blieb, hatte er nicht gedacht. „Pierre, meine Frau ist schwer krank und ich kann mir die Medikamente einfach nicht leisten. Das Bild war meine einzige Möglichkeit, an Geld zu kommen. Ich hoffe, du verstehst das.“

Pierre sah nicht so ganz überzeugt aus. „Warum hast du mich nicht zuerst gefragt? Ich hätte dieses Geld aufgetrieben, bestimmt hätte ich das.“ Pierre stellte die fast volle Kaffeetasse wieder auf den Küchentisch und ging zur

Türe, die er so oft nach geselligen Abenden und guten Gesprächen zum Gehen geöffnet hatte, doch dieses Mal war es anders. Dieses Mal war es das letzte Mal, dass er diese Tür öffnete und das erste Mal, dass er eine Tür für immer schließen würde. Seinen Ärger, seine Enttäuschung, ja auch eine gehörige Portion Wut bildeten einen Kloß in seinem Magen, der auf all seine Gedärme drückte. Bevor ihn diese Emotionen zu weiteren Handlungen zwingen konnten, die ihn schwach dastehen lassen würden, sammelte er einige letzte Worte, die er an Willi, seinen alten Freund, richten wollte. „Ich hoffe, deiner Frau geht es bald wieder gut, aber ich muss wieder los."
„Pierre, du bist doch gerade erst angekommen!", wollte Willi ihn noch aufhalten, noch etwas retten. Doch er wusste selbst, das war vergebens. Willi folgte ihm zur Türe und sah zu, wie sein Freund seinen wärmenden knielangen Mantel anzog. Er sah den Blick in Pierres Augen.
„Bist du wirklich damit einverstanden, dass ich den Domnicks das Bild verkauft habe?"
Pierre erstarrte erneut mitten in der Bewegung. „Du hast unser Meisterwerk an die Domnicks verkauft?"
„Ja. Sie erschienen mir die besten Käufer, die unser Bild wirklich schätzen."
Pierre schaute einen Moment ins Leere und dann wieder in Willis Augen. „Du hättest mich doch nach Geld fragen können, wenn du es wirklich brauchtest. Meine Güte, Willi! Du hättest mir schreiben können, dann hätte ich dir geholfen." Er klang aufrichtig, aber Willi wurde wieder den Eindruck nicht los, dass ganz und gar nichts stimmte. Sein Freund war ein guter Schauspieler, aber nicht so gut, als dass er alles vor ihm verstecken konnte. Oder irrte er sich? Er war sich einfach nicht mehr sicher. „Pierre ich weiß, dass du auch nicht viel mehr Geld hast als ich, deshalb habe ich dich nicht gefragt. Ich will dich nicht auch noch in den Ruin ziehen."

„DU bist ja jetzt nicht mehr im Ruin, nachdem du UNSER Bild verkauft hast!“, schmetterte Pierre ihm bestimmt entgegen, öffnete die Türe und stapfte aus dem Atelier. Nachdenklich blickte Willi ihm durch das von Schneekristallen verzierte Fenster hinterher, als ihm klar wurde, was er in den Augen seines Freundes hatte erkennen können. Es war einfache, kalte Wut.
Wie konnte Willi es wagen, ihr Bild einfach so zu verkaufen! Pierre ging mit schnellen Schritten nach Hause. Innerlich war er verärgert und von Wut gebläht, wie schon lange nicht mehr, aber er hatte es so gut wie möglich vor Willi zu verstecken versucht. Einerseits wollte er nicht, dass es Willis Familie schlecht ging, er wollte ja selbst gerne eine Familie haben, der es gut ging, andererseits musste es doch noch eine andere Lösung gegeben haben, als das Bild zu verkaufen. Zum Beispiel ihn nach Geld zu fragen, wobei er sich nicht sicher war, ob er die Medikamente hätte bezahlen können. Wütend steckte er sich im Laufen eine Zigarette an. Dann sah er das Anwesen der Domnicks mit der Arztpraxis im Erdgeschoss vor sich. Er ließ die Zigarette sinken. Nachdenklich ging er an dem großen Haus vorbei. Wie konnte es sein, dass es Leute gab, die vom Krieg profitierten, indem sie die Opfer psychologisch behandelten? Konnte es sein, dass sie ihr – nein – sein Bild einfach so kaufen konnten? Es war nicht gerecht, dass sie das Geld für sein Bild hatten. Auf dieses Bild hatte er sich schon so lange gefreut.
Er musste es sich irgendwie wiederbeschaffen, so viel stand fest. Aber warum denn auch immer er? Es ging ihm noch nie gut, nein, im Gegenteil. Als er in den Krieg musste, ging es ihm schlecht und als der Krieg vorbei war, ging es ihm schlecht. Nun endlich einmal hatte er mit Willi einen guten Freund gefunden und auch endlich eine Verlobte, doch nun nahm man ihm das einzige, was sein

Leben beschreiben konnte – eine Ungerechtigkeit sondergleichen. Er hatte auch alles in seiner Macht stehende getan, um seine Fehler wiedergutzumachen, und trotzdem wollte die Welt einfach nicht, dass es ihm gut ging. Aber konnte er die Domnicks einfach so nach dem Bild fragen? Er hatte ja nicht einmal das Geld, um es ihnen abzukaufen. Er ließ die Zigarette vor dem Gartenzaun auf den schneebedeckten Boden fallen und drückte sie aus. Es würde ihm schon irgendetwas einfallen, zur Not würde er es sich anders beschaffen, aber er konnte und wollte sein Bild nicht kampflos aufgeben!

Angelika sah Pierre schon vom Fenster ihres kleinen Apartments aus, weil sie auf ihn gewartet hatte. Schnell öffnete sie ihm die Türe, um ihm den von Kälte steifen Mantel abzunehmen. Er sah ein wenig blass aus, aber es war definitiv der Mann, mit dem sie ihr Leben teilen wollte. Seine Ehrlichkeit, seine Liebe und sein Charakter hatten sie überzeugt, aber als sie ihm jetzt in die Augen schaute, kam sie nicht um den Verdacht herum, dass etwas nicht stimmte. „Was ist denn los?“, fragte sie ihn besorgt und nahm seine Hand.

„Nichts, ma chérie. Ich war nur noch bei Willi und habe ihm von unserer Verlobung erzählt.“

Sie sah eine Furche auf seiner Stirn. „Und? Was hat er gesagt? Freut er sich für uns?“

Pierre brummte irgendetwas Unverständliches vor sich hin.

„Pierre, schau mich an!“, sagte sie eindringlich. Pierre wendete ihr das Gesicht zu. Sie sah, dass ihn irgendetwas wütend machte – oder vielleicht sogar verletzte? Was musste geschehen sein, dass es ihren starken Mann aus der Fassung brachte? „Was ist passiert?“, forderte sie ihn nachdrücklich auf.

Pierre ging in die Küche und ließ ein Glas Wasser aus der Leitung. „Nichts Besonderes. Das Bild, das ich dir zu unserer Hochzeit kaufen wollte, hat Willi schon verkauft, ohne mir etwas zu sagen."
Angelika war erleichtert, dass es – ihrer Ansicht nach – nichts Schlimmeres war, denn sie hatte sich dramatischere Dinge vorgestellt. „Pierre, das ist so nett von dir, aber das wäre sowieso nicht nötig gewesen." Sie nahm sein Gesicht in ihre Hände. „Es ist doch egal, was in unserem Wohnzimmer hängt, das Wichtigste ist doch, dass du mich liebst! Das Bild hätte ein kleines Vermögen gekostet, das wir doch für andere Dinge besser brauchen können."
Pierre löste sich aus ihrem Griff: „Das Bild war sehr wichtig für mich." Nach einer kurzen Atempause, in der er einen großen Schluck Wasser trank und sie ihn noch stärker fixierte, setzte er hinzu: „Es ist ein Teil von mir. Dieses Bild kann dir erklären, wer ich bin."
Sie vernahm seine wütende Trauer. „Pierre, irgendwann werden wir uns dein Bild leisten können, dann wird es uns gehören und dann sind wir ganz vollkommen.", ermutigte sie ihren Verlobten.
Wenn die Leute ihn gefragt hätten, wann er sich vollkommen sicher war, dass dies die richtige Frau für ihn war, dann hätte er diesen Augenblick nennen müssen. Er bewunderte ihre Naivität, denn er wusste, dass es nie ihr Bild sein würde. „Weißt du, so wichtig ist es nicht. Es ist alles in Ordnung. Ich habe mich da reingesteigert. Lass uns noch etwas essen, bevor ich wieder heim muss."
Er ging mit etwas schwereren Schritten als zuvor ins Wohnzimmer und Angelika blickte ihm hinterher. Sie vertraute ihm, aber sie war sich nicht sicher, ob sie ihm glauben sollte, dass alles in Ordnung war. Die unerschütterliche Ehrlichkeit, die sie so an ihm schätzte, war rissig geworden und das verletzte sie.

Mai 1968

Wie nach jedem Tag fuhren wir nach der Arbeit von unserer Praxis in Stuttgart in unser neues Haus in Nürtingen. Stuttgart war eine schöne Stadt, ich mochte es, hier entlang zu fahren. Es war befreiend. In Nürtingen war es zwar auch sehr schön, Stuttgart war aber immer noch wie ein Zuhause für mich. Als wir in Nürtingen einfuhren, sprach mich Greta darauf an, dass wir mit den Leuten hier noch gar nicht viel Kontakt hatten. Eigentlich wirklich nur bei Festen oder wenn sich die Leute unsere Sammlung anschauten, aber auch da stammten die Leute kaum aus Nürtingen. Jedoch wohnten wir hier erst seit einem guten Jahr. Erst am heutigen Morgen war eine Gruppe sehr kunstinteressierter Leute bei uns gewesen, die sich unsere Sammlung ansahen. Sie waren sehr beeindruckt von unserem Anwesen. Ich bezweifle jedoch, dass sie die Werke schätzten.

Noch immer schienen, nur wenig Menschen Zugang zu unseren Gemälden und Skulpturen zu haben. Für sie waren die realistischen Werke das Größte. Sie verstanden die Tiefe meiner Sammlung nicht und waren zu oft nicht bereit, sich auf ihre Wirkung einzulassen. Hatten sie Angst, dann mehr über sich zu erfahren? Sie betrachteten lieber, als dass sie empfanden. Ich gab zu, ich wollte ihnen imponieren und führte sie noch in unsere Garage, damit sie mein Schätzchen bewundern konnten – ein nagelneuer Mercedes. Ich musste eingestehen, die bewundernden und etwas neidischen Blicke hatten mich zufrieden gestimmt. Diese Symbolkraft verstand so ziemlich jeder Schwabe. Ich wäre gerne wieder mit Greta ausgefahren, den Fahrtwind spüren, die Bäume an sich vorbeiziehen sehen wie grüne Wolken und dieses Geräusch des heulenden Motors, wenn endlich eine freie Straße vor uns lag, die nur

von uns erobert werden wollte. Dieses Auto strahlte so viel Kraft aus und gab mir doch so viel Ruhe. Ruhe vor meinen Gedanken und vor all dem, was auf uns wartete. Heute waren wieder viele Patienten in der Praxis gewesen und trotzdem, dass Greta und ich uns die Arbeit gegenseitig erleichtert hatten, waren es doch sehr anstrengende Tage – nein, Wochen, die hinter uns lagen. Die Psyche kannte keine Ferien und es gab so viele verletzte Seelen. Noch immer hielt der Krieg die Wunden offen und ich musste sehen, wie er auch die nächste Generation verletzte. Ich war so dankbar, Greta an meiner Seite zu wissen. Zusammen hatten wir es doch geschafft.
Wir fuhren die kleine Straße zu unserem Anwesen entlang, es lag versteckt. Versteckt vor der Welt war es unsere kleine Insel der Vollkommenheit, unsere Zuflucht. Als wir die Tür öffneten und zum Esszimmer eilten, getrieben von Mägen, die nach Arbeit riefen, war dank Frau Ziegler, unserer Haushälterin, das Abendessen schon fertig und wir konnten das delikate Essen genießen, jedoch bemerkte Greta, dass sie gar keine Gabel eingedeckt bekommen hatte. „Entschuldigen sie, Frau Ziegler“, rief sie mit präziser Stimme, „Können sie nicht aufpassen? Es kann doch nicht sein, dass sie mir zum zweiten Mal diese Woche keine Gabel bereitlegen!“.
Mit einem kleinlauten: „Entschuldigen Sie.“, eilte sie mit verschüchterten Schritten los, um eben diese zu holen.
„Das kann mal passieren, Greta.“, versuchte ich, meine offensichtlich überarbeitete Frau zu beruhigen „Das ist kein Grund, Frau Ziegler so anzufahren.“ Schließlich war Frau Ziegler auch nur ein Mensch, dachte ich bei mir.
„Aber Ottomar, sie hat doch wohl Augen im Kopf und kann zählen. Ich meine, dir hat sie ja auch eine Gabel gegeben. Außerdem, wieso verteidigst du unser Personal?“.

Ich holte Luft, um nochmals anzusetzen, doch Greta schaute mich schon nicht mehr an, sondern begann still zu essen. Während des Essens schien sich Greta beruhigt zu haben. Etwas Nahrung in einem leeren Magen besänftigt doch so manches Gemüht. Sie entschuldigte sich zwar nicht bei unserer Haushälterin, aber sie lobte am Ende knapp das Essen – das kam einer Entschuldigung schon sehr nahe. Handgeschabte Spätzle mit einem Zwiebelrostbraten und zum Dessert ein köstlicher Träubleskuchen besänftigten sie eben immer. Das wusste auch Frau Ziegler.
Nachdem wir gegessen hatten und noch ein Gläschen Wein genossen, tauschten wir nur noch wenige Worte aus. Heute wurde so viel geredet. Stille, wie sie uns dieses Haus gab, konnten wir nun gut gebrauchen. Wir gingen wortlos an unsere Schreibtische. Wir mochten diesen Platz. Wir konnten uns bei unserer Arbeit gegenübersitzen in absoluter Gleichstellung. Ich schätzte Gretas Meinung und Arbeitsgeist. Ich würde lügen, behauptete ich, dass ihre Strebsamkeit mich nicht angespornt hätte. In Ruhe gingen wir nochmals die Patienten der letzten Tage durch. Manchmal reichte ich ihr eine Akte, um mir ihre Meinung einzuholen, manchmal, jedoch deutlich seltener, ließ sie mich einen Blick auf ihre werfen. Mit nur wenigen Worten tauschten wir uns aus. Wir verstanden, was der andere meinte, auch ohne viel zu sagen.
Fertig waren wir noch lange nicht, setzten uns aber auf unser Sofa und schenkten nochmal ein Glas Wein ein. Ich nahm sie in meinen Arm und wir gaben uns diesem Moment der freien Zweisamkeit hin. Einfach die Wärme des anderen spüren, gab uns genau das, was wir brauchten.
Die Stille, die ich so gerne hatte wurde von Gretas Bitte durchbrochen. Sie sprach an, dass sie gerne einmal wieder zu einer Kunstausstellung gehen würde und wie sehr sie die Bilder von unserem Freund und ehemaligem Nach-

barn Willi möge. Sie sah mich dabei mit einem erinnernden Lächeln an und ich ließ mich von diesem Lächeln zu einem Schwelgen in unseren Erinnerungen hinreißen. Ich wusste noch, wie Willi die 60 Flaschen Wein abholte, die wir ihm für „Eidos" gaben. Er ließ einen ganzen Karton auf den Stufen fallen. Er stand da, von Wein getränkt, und obwohl er zuerst sehr betrübt blickte, mussten wir alle lachen. Und ein Witz nach dem anderen über das Betrunken-sein unseres Freundes erheiterte unsere kleine Runde. Es war ein befreiendes Lachen, das uns etwas Leichtigkeit schenkte. Wir vergaßen vor lauter Sentimentalität, Gretas Pläne zu konkretisieren.

Es war bereits nach zehn, als Greta aufstand und doch noch nach zwei Büchern aus dem Regal griff. Ich setzte mich auf unseren Lesesessel und fing bei einem weiteren Glas Wein an zu lesen. In dem Buch ging es um die Kunstwerke von Willi. Wie schon vorher erinnerte ich mich an die Zeit, als wir noch in Stuttgart gelebt hatten und wie oft wir gereist waren. Gleichzeitig aber erinnerte ich mich auch an den Tonfall, in dem Greta vorhin mit Frau Ziegler geredet hatte. Und das nur wegen einer Gabel. Naja, der Tag war eben für alle anstrengend gewesen. Ich beschloss, später nochmal an den Schreibtisch zu gehen und etwas zu arbeiten, konzentrierte mich jetzt aber erstmal auf mein Buch. Im Hintergrund hörte ich nur das Umblättern der Seiten von Gretas Buch und Frau Ziegler, die in der Galerie aufräumte, zumindest dachte ich das. Ich las noch ziemlich lange, bis ich bemerkte, dass mit Greta etwas nicht stimmte.

Ihr gegenübersitzend bemerkte ich, ihren Blick immer wieder zu unserer Sammlung huschen. Ich kannte Greta schon seit so vielen Jahren und wusste, dass sie nicht ganz bei der Sache war. Sie musste Misstrauen haben gegenüber irgendetwas, das mir fremd war. Wenige Minuten nachdem ich so gedacht hatte, stand sie wortlos auf und lief hastig und – meines Gefühls nach – unwohl durch unser Wohnzimmer die Treppe hinauf. Ich musste mich in meinem Sessel herumdrehen, um sie beobachten zu können, wie sie gedankenverloren durch die Galerie streifte. An jedem Gemälde blieb sie stehen und genoss sichtlich diese Atmosphäre, das Gefühl, das ihr das Werk vor ihren Augen gab. Ich liebte es, wie ihre Augen dabei leicht funkelten und ein kleiner Blitz durch diesen Blick huschte, wenn sie wieder etwas Neues in einem Gemälde entdeckte. Es entzückte mich ganz und gar. Wir beide liebten es, abends barfuß durch die Galerie zu schlendern, um wieder einen klaren Kopf zu bekommen oder einfach so, um mit der Kunst eins zu werden. Gern hätte ich ihr es gleichgetan und wäre ihr gefolgt, doch blieb ich in meinem Stuhl sitzen, um das schon angefangene Buch fertig zu studieren. Ich selbst hatte noch längst nicht alle unsere Bücher gelesen, die wartend in unserem großen Regal standen.

Nach einer geschätzten halben Stunde stand ich auf, legte mein Buch ordentlich zur Seite und ging leise zu einem der Sofas, die genau so standen, dass man von da aus perfekt die Baumeister-Kunstwerke im Blick hatte. Während ich, wie Greta, die Kunstwerke genoss, fiel mir auf, dass Greta bei einem der Gemälde, ja, genau vor „Eidos“, länger stehen blieb als bei den anderen. Anscheinend hatte sie mich noch nicht bemerkt, denn sie holte ihr Tagebuch heraus und schrieb sehr nachdenklich einige Zeilen voll. Es war nicht ungewöhnlich, dass sie in ihr Tagebuch hier in unserer Galerie schrieb, trotzdem war die Atmosphäre – anders als sonst – angespannt. Diese misstrauischen Blicke blieben mir nicht verborgen. Sie machte sich offensichtlich Sorgen. Weswegen legte sie nur ihre kluge Stirn so in Falten?

Ihr Blick huschte nun kontrollierend zu mir. Ich fühlte mich ertappt und streckte meine Hand reflexartig nach den Briefen aus, die unsere Haushälterin fein säuberlich aufgestapelt hatte. Ich wollte nicht, dass Greta sich beobachtet fühlte. Sie sollte selbst auf mich zukommen. Zwischen den neuen Briefen, die meist von alten Freunden aus Stuttgart oder von Patienten unserer Klinik stammten, waren auch noch ein paar Briefe vom letzten Jahr dabei. Dankeskarten von Gästen unserer Einweihungsfeier und Glückwunschkarten von denen, die damals nicht kommen konnten. Ich musste sichtlich lächeln, als ich an unsere prächtige Einweihungsfeier dachte. Ja, schon seit einem Jahr wohnten wir hier in unserem perfekten Domizil. Es war uns schnell ans Herz gewachsen und wir fühlten uns richtig heimisch, obwohl wir hier natürlich nicht so viele Nachbarn hatten wie in Stuttgart.
Noch so ein verwirrter Blick von Greta… aber nein, ich werde sie nicht darauf ansprechen. Greta hätte mit mir von allein geredet, wenn sie ein Problem hätte und darüber hätte reden wollen. Trotzdem sagte ich ihr Bescheid, dass ich zu unserem gemeinsamen Schreibtisch gehen würde und noch ein bisschen arbeitete. „Greta!“, rief ich leise, wissend, dass sie mich, selbst wenn ich flüsterte, hörte. Dieses Haus schenkte jedem Laut Nachdruck und Bedeutung. Es zwang einen, die Worte mit Bedacht zu wählen, und gleichzeitig schenkte es bei geselligen Runden eine versteckende Geräuschkulisse.
„Ja, Ottomar? Gehst du zu Bett?“, fragte sie mich lächelnd.
„Nein, noch nicht. Ich werde, glaube ich, noch ein bisschen am Schreibtisch arbeiten.“
Ihr Blick ruhte wieder auf „Eidos“. Es schien, sie zu fesseln auf eine Art, die ich nicht kannte. Ich werde sie nachher auf ihr seltsames Verhalten hinweisen, dachte ich mir.

Als Greta kam, war ich fast fertig mit meiner restlichen Ablage. Sie setzte sich schwer sinkend in den Stuhl mir gegenüber. Eine Zeit lang hörte man nur das Kratzen unserer Stifte auf den noch unbeschriebenen Blättern. Jeder von uns war vollkommen fixiert auf seine Arbeit. Kurz hörte ich unsere Haushälterin das Frühstück für den nächsten Tag richten, vermutete ich jedenfalls. Greta drehte sich bei gefühlt jedem Geräusch um und ging mit ihrem Blick den ganzen Raum ab, als befürchtete sie, dass gleich eine Gestalt erscheine. Ich musste sie nun fragen: „Alles gut, Greta? Du bist doch sonst nicht so schreckhaft."
Darauf kam zunächst keine Reaktion und ihr Gesicht verriet mir, dass sie innerlich damit kämpfte, was sie nun antworten sollte. „Ich weiß nicht. Vertraust du der Haushälterin?", war darauf ihre Frage.
Mit dieser Frage hatte ich allerdings nicht gerechnet, denn Frau Ziegler verhielt sich, wie gewünscht, meist im Hintergrund und führte unseren Haushalt ohne Beanstandung. Ich wäre nicht auf die Idee kommen, ihr zu unterstellen, unserem Vertrauen nicht gerecht zu werden, trotzdem hörte ich aufmerksam meiner Frau zu. „Schon seit Monaten verhält sie sich, meines Erachtens, sehr seltsam. Abends schleicht sie mehrere Male durch unsere Galerie und benimmt sich, als wäre das auch ihr Haus."
„Ach, Schatz. Was machst du dir denn für Sorgen? Das ist doch sonst nicht deine Art. Frau Ziegler verhält sich so wie immer. So wie sie doch soll. Natürlich läuft sie abends oft durch die Galerie, weil sie durch die Galerie in ihr Zimmer kommt. Wieso sollte sie das denn nicht dürfen? Sie ist unsere Haushälterin und wohnt hier, sie dient uns und das macht sie doch gut. Du bist die Hausherrin und sie darf, während sie für uns arbeitet, hier wohnen, ein wenig ist das doch ihr Zuhause. Empfindest du sie als Konkurrentin? Das ist sie keineswegs. Wie kommst du auf

solche Gedanken? Sag mir, was ist dein eigentliches Problem?", fragte ich sie ruhig und sah, dass sie sich bei diesem Worten leicht auf die Unterlippe biss.
Sie wirkte ein bisschen entspannter, trotzdem sah man ihr an, dass doch noch eine Last auf ihr lag, was auch immer der Grund dafür war. „Nein, so meinte ich das nicht…", flüsterte sie.
„Wie dann? Ich sehe, dass auf deinem Herzen etwas lastet, und ich möchte dir helfen!", sagte ich leise, stellte mich behutsam neben sie und legte einen Arm um ihre Schultern.
„Heute Abend, als ich durch die Galerie ging, fiel mir ganz besonders „Eidos" auf. Wieso ist uns das noch nie aufgefallen, Ottomar? Wie konnten wir so blind sein?"
„Warte, wovon sprichst du? WAS ist mit ihm?", wollte ich wissen und meine Stimme wurde dabei etwas lauter. Ich schaute Greta erwartungsvoll an.
Greta setzte fort: „Es hat sich irgendwie verändert. Irgendetwas ist…", sie zögerte, „… anders. Komm! Sieh es dir einmal an."
Mit schnellen Schritten folgte ich ihr die Treppe hinauf zu dem Gang, in dem alle Baumeister-Gemälde aufgehängt waren.
„Schau!", hauchte sie mit einer Mischung aus Nervosität und Unsicherheit in der Stimme: „Ich habe das Gefühl, ein anderes Bild vor mir zu sehen, aber ich erkenne so keine Veränderungen. Es ist nur so ein Gefühl. Und…", wieder brach sie ab.
„Und…?", hakte ich nach und musste mir eingestehen, dass ich sie heute durchaus seltsam fand.
Sie sah mich kurz an: „Und nichts."
Ich kannte diesen Ausdruck um ihre Nase herum, die sich leicht kräuselte und aussah, als müsste sie ein Niesen hinauszögern.

„Du glaubst doch wohl nicht, dass das nicht das Original ist. Wie sollte denn sowas gehen? Denke einmal nach! Es kommt doch niemand in unser Haus außer uns beiden."
„Und Elizabeth…", sagte sie überzeugend, mit der Miene einer professionellen Spionin.
„Was soll das? Wieso unterstellst du ihr sowas?", sagte ich ernst.
„Ja, du hast doch selbst gesagt, dass sie jeden Tag hier entlang geht, und sie weiß auch, wie man die Alarmanlage ausschält. Wir sind dahingehend zu nachlässig geworden."
„Nein, ich glaube, da bist du der Müdigkeit zum Opfer gefallen. Elizabeth hat keinen Grund, das zu tun. Sie mag ihre Arbeit hier, denke ich.", flüsterte ich etwas besorgt um meine Frau. „Morgen wird dir „Eidos" wieder ganz vertraut erscheinen, das ist vielleicht auch eine kleine Magie des Bildes.", wendete ich jeden weiteren Einwand ihrerseits ab. „Lass uns zu Bett gehen, ja?". Ich ergriff ihre Hand und zog sie mit. Sie kräuselte noch immer ihre Nase, aber dann kam ein kurzes Nicken, ein kleines Lächeln und wir gingen in die hinteren Zimmer.
Am nächsten Morgen stand ich früh auf, ich machte mir Gedanken über Greta. Sollte ich dieses Wochenende mit ihr wegfahren? Sie fühlte sich überarbeitet. Als ich an unseren Schreibtisch kam, um die Unterlagen für den heutigen Tag einzupacken, sah ich, was Greta am gestrigen Abend gearbeitet hatte. Sie hatte die Gästeliste unserer Einweihungsfeier mit Zeichen versehen und einige Namen durchgestrichen, andere waren eingekreist oder mit Fragezeichen versehen. Hing dies mit ihrem Eindruck von „Eidos" zusammen? Was glaubte sie, wovon war sie überzeugt? Das beschäftigte sie deutlich stärker, als ich vermutete.

Greta kam frisch geduscht auf mich zu und sah die Liste in meiner Hand. Sofort fing sie an, mit überschlagender Stimme ihre Gedankenblase platzen zu lassen. „Das ist nicht unser „Eidos“, es ist einfach nicht unser Gemälde. Wenn Frau Ziegler nichts damit zu tun hat, dann muss einer unserer Gäste etwas getan haben. Ich habe mir alles angesehen und so viel nachgedacht. Weißt du, ich denke, der Dieb muss bei dem Konzert, das extra für uns gegeben worden ist, am Gang gesessen haben und sich dann durch eben diese Fenstertür, mit dem richtigen Gemälde, herausgeschlichen haben!“

„Und warum hängt hier dann ein Gemälde? Greta, ich glaube, du verrennst dich. Ich möchte dich nicht kränken, aber ich denke, es wäre besser, du nähmest Abstand von diesen Gedanken.“ Ich wartete kurz und setzte nach: „Oder soll ich jetzt die Polizei rufen, weil du einen gefühlsgeleiteten Verdacht hegst?“

„Ach Ottomar, du verstehst das nicht. Ich, ich meine nur, dass wir unsere Augen offenhalten sollten. Man weiß nie, die Gemälde haben ihren Wert. Freundschaft hat Grenzen, das weißt du auch. Ich, ich weiß nicht. Können wir unseren Freunden wirklich vertrauen?“, warf sie mir geradezu vor.

Ich musste zugeben, es bereitete mir nun doch etwas Bauchschmerzen und ließ mich die nächsten Tage nicht ruhen. So hatte sich Greta noch nie verhalten. Vielleicht war etwas Wahres an ihren Hirngespinsten? Doch das würde bedeuten, dass wir seit wahrscheinlich einem Jahr eine Fälschung in unserer hauseigenen Galerie hatten. Was würde das bedeuten für unseren Ruf als Sammler?

Ich zwang mich dazu, die Gedanken abzuwenden. Es war schlicht unmöglich, ein Gemälde wie dieses ungesehen zu stehlen oder gar auszutauschen. Und Frau Ziegler verfügte wohl am wenigsten über die nötigen Mittel. Und unsere Freunde? Nein, bestimmt nicht.

August 2018

Mir schwirren so viele verschiedene Gedanken zu der Fotografie, die ich gestern entdeckt habe, im Kopf herum, als ich zu meinem Auto laufe, das ich vor der Pension geparkt habe. Ist dieser Mann auf dem Bild, der neben dem Gemälde von Baumeister steht, wirklich mein Großvater? Ich selbst habe kaum Erinnerungen an meinen Großvater, aber ich weiß, wie er als junger Mann aussah, aufgrund der unzähligen Fotos, die meine Oma mir immer wieder zeigte. Manchmal suchte ich auch heimlich nach diesen Bildern, da meine Oma oft einzelne Fotos in ihren Erzählungen übersprang und sie schnell unter den anderen verschwinden ließ. Vielleicht schmerzten sie die Erinnerungen an ihren Ehemann zu sehr, denn meine Großmutter liebte meinen Großvater und hätte wohl alles für ihn getan.
Als ich so im Auto sitze, werde ich dann doch unsicher, ob ich meine Großmutter wirklich damit belästigen sollte. Ich lehne mich in den Sitz, halte den kalten Schlüssel in meiner Hand und denke an meine liebe Oma. Sie ist so alt und schwach. Was ist, wenn sie sich aufregt? Aber nein, ich muss einfach Gewissheit haben! Ich kann nicht die ganze Zeit mit dem Gedanken herumlaufen, dass der Mann auf dem Bild mein Opa sein könnte. Ich will mehr über ihn erfahren und mit diesem Bild könnte ich meine Oma vielleicht endlich dazu bringen, mir mehr über ihn zu erzählen. Ich steige ins Auto und starte den Motor.
Ich bin schon einige Wochen nicht mehr bei meiner Oma gewesen. Ich habe mir einfach nicht die Zeit genommen, sie zu besuchen. Seit ich dabei bin, meine Doktorarbeit anzugehen, und dann noch die Nebenjobs meistern muss, finde ich kaum noch die Zeit, um zu ihr zu fahren. Also kommt es vielleicht einmal im Monat vor, dass ich meine liebe Oma sehe. Wenn ich ehrlich bin, will ich auch nicht

öfter hin, da sie sich oft nicht an mich erinnert, nicht wirklich bei mir ist und es mich traurig macht, dass meine liebe Oma sich nicht einmal an mich erinnern kann. Es ist ja nicht ihre Schuld, aber es ist trotzdem nicht einfach damit klarzukommen. Sie sieht mich dann immer so abwesend an. Als schaue sie direkt durch mich hindurch und wenn sie dann auch noch fragt, wer ich eigentlich sei und was ich von ihr wolle, dann stimmt es mich unheimlich traurig. Sie war es, die mich so vieles lehrte. Die mich der Kunst näher brachte, mit der ich Apfelkuchen auf der Hollywoodschaukel aß oder Kleider für meine Puppen nähte. Wir spielten Kaffeeklatsch und später gingen wir oft gemeinsam ins Kino oder Theater. Wie oft lagen wir mit einem dick mit Butter beschmierten Kranzbrot im Gras und philosophierten über die Welt? Dabei nahm sie all meine Spinnereinen so ernst. Und jetzt? Jetzt sitzt sie in ihrem Stuhl und schaut meist durch mich hindurch. Diese früher so wachen und liebevollen Augen!
Nach ungefähr einer halben Stunde Fahrt, erreiche ich das Altenheim in Stuttgart. Es ist ein durchaus schönes Altenheim mit nettem Personal, einer großen Gartenanlage und hellen, freundlichen Zimmern. Das ist mir bei der Wahl des Heimes wichtig gewesen, dass meine Oma sich hier wohlfühlen könnte. Ich laufe in das Foyer und begrüße die nette, ältere Frau, die dort hinter dem Empfangstresen sitzt. Sie ist immer so freundlich zu mir und strahlt mich stets an, wenn ich meine Großmutter besuchen komme. Wie eine Statue scheint sie dort platziert. Das Zimmer meiner Oma liegt im zweiten Stock, also steige ich die Treppen hoch und klopfe, so heiter ich kann, an ihre Zimmertür, da ich nicht einfach hereinplatzen und sie somit erschrecken möchte. Nachdem ich in der mir so vertrauten Stimme ein „Herein!“ höre, gehe ich in das kleine Zimmer und begrüße sie – bedacht darauf, fröhlich zu klingen und mir selbst nicht zu viele Hoffnungen machend: „Hallo

Oma, wie geht es dir denn? Ich bin´s Thalia.“, und setze dann doch nach: „Deine Enkelin.“

Ich bin erleichtert, als ich ihre Augen sehe, die meinen Blick offensichtlich erwidern, und da huscht auch schon das mädchenhafte Lächeln auf ihre Lippen. „Ja, so eine Überraschung! Mit dir habe ich heute nicht gerechnet. Komm zu mir.“

Ich bin mehr als erfreut und umarme meine alte Großmutter so fest, dass es sie etwas aufrechter drückt. Sie nimmt mein Gesicht in ihrer beide Hände: „Lass dich ansehen. Na, bekommst du nicht genug Essen? Du siehst ja ganz mager aus Mädchen. Es wird Zeit für etwas Omakost!“

Wir lachen leicht.

Bei diesem schönen Wetter möchte ich nicht mit ihr in diesem miefigen Zimmer sitzen. Wir haben es mit ein paar ihrer alten Möbel wohnlich gestaltet und das nach Westen ausgerichtete Fenster bietet ihr vor allem am Abend ein wohliges Licht, doch über das medizinische Bett und den genormten Utensilien, können auch ihre gehäkelte Decke und die vielen Gemälde und Fotografien unserer Familie an der Wand nicht hinwegtäuschen. Das Zimmer ist eigentlich recht groß. Großmutter bewohnt es allein und neben dem Bett stehen hier ihr alter Kleiderschrank, eine gemütliche kleine Sitzgruppe, deren Tisch mit einer wunderschönen Spitzendecke belegt ist, eine Vitrine, in der sie ihren Schnickschnack ausstellt und den beigen Sessel, in dem sie bereits meine Mutter in den Schlaf wiegte und später mich. Ich liebe diesen alten Sessel, dessen Sprungfedern noch vollkommen intakt waren. Als ich meine liebe Oma herbrachte, platzierte ich ihn sofort so, dass sie das Abendlicht darin genießen kann. „Komm, wir gehen mal ein bisschen hinaus an die frische Luft. Das tut uns beiden bestimmt gut.“ Ich nehme meine kleine, leicht gekrümmt gehende Oma am Arm und helfe ihr die Treppen, die in den Garten führen, hinunter, so wie sie es vor vielen

Jahren bei mir tat. Ich rieche den leichten Lavendelduft ihrer weißen Haare, die sie sorgsam zu einem Dutt gebunden hat. Wie immer trägt sie die kleinen Perlenstecker, die ihr Großvater einmal zum Hochzeitstag geschenkt hatte. Ihr Gesicht war übersät mit Falten und Altersflecken, die ihre strahlenden Augen jedoch nicht verbergen konnten. Die schmalen Lippen umspielte zumeist ein mädchenhaftes Lächeln. Noch immer trug sie Größe 38, worauf sie, in klaren Momenten, sehr stolz war. Meine Großmutter war eine starke Frau und so trug sie stets Bundfaltenhosen, da sie Röcke ablehnte. Heute hat sie eine dunkelblaue Hose an und eine fein säuberlich gebügelte weiße Bluse mit einer ebenfalls dunkelblauen Strickjacke. Obwohl sie schlecht sieht, trägt meine Großmutter die Brille nur beim Lesen und ohne Lippenstift verlässt sie sowieso nicht ihr Zimmer. Etwas eitel ist die alte Dame schon. Sie geht ohne Widerwillen mit. Manchmal wehrt sie sich auch gegen mich und fängt an zu schreien, weil sie nicht versteht, was ich von ihr will, doch heute habe ich offensichtlich Glück. Sie erzählt mir von den letzten Tagen, von dem Buch, das sie liest, und natürlich von dem Essen, das hier nicht annähernd so gut ist, wie jenes, das sie kocht.
Unten angekommen, begleite ich sie zu einer Bank, da sie zu schwach ist, um lange zu stehen oder zu gehen. Behutsam helfe ich ihr, sich hinzusetzen. Sie starrt auf den Boden. Wahrscheinlich ist sie wieder in Gedanken an früher versunken. Sie murmelt irgendetwas vor sich hin, was ich nicht richtig verstehe. Doch es hört sich an, als würde sie: „Ach, mein lieber Willi.“ sagen. Willi? Wer das wohl sein mochte, vielleicht irgendein Verwandter oder Freund von früher? Sie hat immer wieder diese Phasen, in denen sie ihre Zeit als junge Frau durchlebt. Normalerweise ignoriere ich diese Phasen immer und rede über irgendetwas anderes, doch heute war ich neugierig, da ich sie schon

öfter habe diesen Namen sagen hören. Es muss ja irgendjemand sein, der ihr mal viel bedeutet hat. Hatte mein Opa vielleicht doch einen Zweitnamen, von dem ich nichts weiß?
„Du, Oma, wer ist denn Willi? Willst du mir von ihm erzählen?"
Doch nun sieht sie mich ganz verändert an und fast bettelnd murmelt sie: „Kann nicht." Sie klingt dabei regelrecht verzweifelt und ein wenig traurig. Ich will sie nicht aufregen, also höre ich auf, sie zu befragen. Ich hätte ja nie geahnt, dass dieser Name sie so belasten könnte.
Nichtsdestotrotz hole ich das Foto aus der Schutzhülle heraus. „Oma, schau, ich habe hier ein Bild mitgebracht. Willst du es dir mit mir ansehen? Es wäre wirklich sehr gut, wenn du mir sagen könntest, ob du weißt, wer dieser Mann links neben dem Gemälde ist." Ich halte ihr das Bild vorsichtig hin.
Sie greift danach und als sie einen Blick darauf wirft, wird sie kalkweiß, ich kann sehen, wie all das Blut aus ihrem Gesicht weicht. Sie lässt das Bild so schnell fallen, dass man den Eindruck bekommen könnte, sie hätte sich daran verbrannt. Schnell hebe ich das Bild auf und sehe es mir selbst noch einmal an. Habe ich irgendetwas übersehen, was sie aus dem Konzept gebracht hat? Nein, da war nichts außer dem Gemälde und ein paar Personen. „Was ist denn los? Erzähl mir, was dich so beunruhigt. Du zitterst ja!"
Doch sie schweigt und starrt auf den Kies zu unseren Füßen. Ihre ganze Haltung weist mich von ihr weg. Also versuche ich, sie behutsam zu schütteln, um sie aus dieser Trance zu befreien, in der sie sich offensichtlich befindet. „Nein, ich kann nicht darüber reden!", schreit sie und ich fahre überrascht von dem bösartigen Ton, den sie in diesen Satz gelegt hat, zusammen. Ich kenne es nicht, dass meine Oma lauter wird. Sie war immer die Ruhe in Person

und der liebste mir bekannte Mensch. Wieso fängt sie denn jetzt sogar an zu schreien? Hat die Krankheit mir schon so viel von meiner Großmutter genommen? Ist sie komplett verwirrt?
Da kommt zum Glück schon eine Pflegerin herbeigeeilt, die meine Oma zu beruhigen versucht, während ich der jungen Frau entschuldigend erzähle, dass ich meiner Oma nur ein Bild gezeigt und keine Ahnung habe, warum sie denn jetzt plötzlich angefangen hat zu schreien.
„Machen sie sich keine Sorgen, Frau Ehmann. Es kommt in letzter Zeit oft vor, dass sich ihre Großmutter an ein Ereignis aus ihrem Leben als junge Frau erinnert und dann anfängt zu schreien. Das kommt bei Alzheimerpatienten öfters vor. Ich werde sie jetzt einfach schnell in ihr Zimmer bringen. Dort ist ihr alles vertraut und sie wird sich schneller beruhigen.", beschwichtigt mich die junge Pflegerin mit sanfter Stimme. Ich laufe mit etwas Abstand hinter den beiden her und setze mich auf einen alten Sessel, der im Gang des zweiten Stockes steht. So möchte ich hier nicht wegfahren. Ich möchte erst sehen, dass sich meine Großmutter wieder beruhigt – schließlich ist das doch alles meine Schuld gewesen.
Nach einigen Momenten kommt die Pflegerin raus und lächelt mich aufmunternd an: „Sie schläft jetzt. Ich denke, sie können nach Hause fahren. Frau Ehmann, auch wenn das heute nicht so verlief, wie man sich das erhofft, sind sie immer wieder willkommen. Es tut ihr gut, sie zu sehen. Sie glauben gar nicht, wie stolz ihre Großmutter auf sie ist."
Ich weiß, dass mich diese Worte besänftigen sollen, trotzdem verabschiede ich mich zügig und eile mit meinem schlechten Gewissen zurück zu meinem Auto. Dort steige ich sofort ein, knalle die Tür zu und fahre sogleich los. Ich muss zurück in die Sammlung und mich in meine Arbeit versinken, um mich abzulenken.

Ich komme nur gute 30 Minuten später in der Sammlung an und laufe so schnell wie möglich in das Arbeitszimmer, das Frau Remus mir zur Verfügung gestellt hat. Hier schnappe ich mir sofort das Sachbuch über Willi Baumeister, das ich gerade lese. Ich setze mich in den Lesesessel und fange an zu lesen. Das brauche ich jetzt einfach, ich muss mich jetzt einfach in dieses Buch hineinfallen lassen. Es ist aber auch unglaublich interessant, über Baumeister, sein Leben und sein Schaffen zu lesen. Ich hätte ihn so gerne kennengelernt. Mir schwirren sofort hunderte Fragen im Kopf, die ich ihm so gerne stellen würde.
War seine Karriere für ihn ein Familienerbe oder hat er sich aus eigenem Interesse für die Malerei entschieden? Wie war das Studium in Stuttgart im Kaiserreich? Wie empfand er den Militärdienst als kreativer Kopf? Wie fühlte er sich, als sein Lehrer Poetzelberger ihm mangelnde Begabung bescheinigte? Wie war es, für und mit seiner Kunst durch die Welt zu reisen? Er war ja wirklich überall gewesen. Paris, Berlin, Amsterdam, London, Dresden, Hagen, Venedig und sogar Moskau sowie New York und Sao Paulo. Und doch kam er immer wieder nach Stuttgart zurück. Hier hatte er sein Atelier, hier arbeitete er, schuf seine Werke und lehrte an der Akademie.
Baumeister könnte mir bestimmt vieles über seine Kollegen erzählen. Am meisten würden mich doch Geschichten über Franz Marc und Paul Klee interessieren. Über seine Zeiten in der „Novembergruppe", in „Üecht" oder auch „Gegenstandslos" könnte er wohl auch das ein oder andere berichten.
Wie konnte er seine kreative Arbeit mit den Auftragsarbeiten von zum Beispiel Bosch vereinen? Wie war es für ihn, zu lehren und seine berühmten Schüler wachsen zu sehen? Warum lehnte er die Berufung an das Bauhaus ins

Dessau ab? Wie empfand er es, seine ersten Auszeichnungen zu erhalten?
Ach, und dann die Kriege! Wie hatten diese ihn wohl beeinflusst? Im ersten kämpfte er noch und im zweiten wurde seine Kunst als „entartet“ abgestempelt! Wie sehr muss es ihn verletzt haben, als er 1941 ein Mal- und Ausstellungsverbot von den Nazis bekam? Was ging in ihm vor, als sein Haus von den Bomben zerstört wurde? Kam er im ländlichen Urach zurecht? Und wie es war, nach zwölf Jahren dann wieder in Deutschland ausstellen zu können und dann auch noch von Theodor Heuss zum Professor berufen zu werden? Hatte er damit während der Herrschaft der Nazis noch gerechnet? Und wie ging er mit all der Kritik um, die er an der Akademie ertragen musste? Schöpfte er Kraft aus seinen Überzeugungen? Was trieb ihn an, immer weiter zu machen und seine Ideale nicht aufzugeben, nach seinen Überzeugungen zu leben? Warum war er Paul Cézanne so sehr verbunden? Was gaben ihm dessen Werke? Und da habe ich dann noch keine Frage zu seinen eigenen Werken und Schaffen gestellt!
So viele Fragen, die ich ihm nie persönlich werde stellen können, aber irgendwie beruhigt mich die Vorstellung, dass er 1955 mit dem Pinsel in der Hand vor seiner Staffelei sitzend starb. Er muss vollkommen zufrieden gewesen sein. Ein so bemerkenswert aufrechter Mensch. Ich kann meine Begeisterung nicht zähmen.
Als ich gerade die Gedanken an meine Großmutter verdrängt hatte, fiel mir die Kiste, aus welcher ich das Foto entnommen hatte, in den Kopf. Ich starre sie an. Wenn der Mann auf dem Bild wirklich mein Großvater ist und ich sie vorhin richtig verstanden habe, dann könnte es wirklich sein, dass sie die Domnicks kannten. Ist das realistisch oder will ich es nur so sehen?

Offensichtlich hilft mir dieser Raum hier nicht, mich zu konzentrieren. Ich beschließe, mir die Werke erneut anzusehen, vielleicht können sie meine Gedanken umlenken. Ich wandere durch die Sammlung. Ich lasse – wie sonst auch immer – alles auf mich wirken. Ich will ein Gespür für dieses Haus entwickeln, für die Leute, die hier lebten. Wie es wohl gewesen sein muss, so viele Jahre in einem Haus zu leben, das regelmäßig von allen möglichen Menschen besucht wurde? Hatten Greta und Ottomar Domnick überhaupt eine richtige Privatsphäre? Ich bezweifle es. Ich würde das nicht wollen, mein Haus all den fremden Besuchern zur Verfügung stellen. Fühlt man sich dann überhaupt sicher? Aber das muss ich ja auch nicht. Ich muss nur für eine kurze Zeit hier arbeiten, um die nötigen Informationen für meine Doktorarbeit zu sammeln. So lange kann man es in diesem Haus mit all den Besuchern und Schülergruppen schon aushalten. Wäre es kein Museum, könnte ich mir auch vorstellen, hier zu wohnen. Es ist wirklich sehr geschmackvoll eingerichtet und vor allem sehr kühl, auch im Sommer. Und dieser wunderschöne, weiße Flügel erst. Jedes Mal, wenn ich an ihm vorbeilaufe, kann ich regelrecht hören, wie auf ihm bei einer der vielen Veranstaltungen, die die Domnicks gaben, gespielt wurde. Ich kann den Beifall und das Gelächter hören. Wie gerne ich doch bei einer dieser Veranstaltungen dabei gewesen wäre. Doch das beeindruckendste und anziehendste sind für mich die Gemälde und Skulpturen. Diese wunderschönen Bilder, die überall hängen! Wenn ich sie sehe, spüre ich richtig, wie sehr die Domnicks die Kunst geliebt haben. Sie liebten sie wohl so, wie ich es tue.

Tief in meine Gedanken versunken, merke ich zuerst gar nicht die vielen Besucher. Doch dann komme ich an diesem einen Gemälde vorbei und da steht er. Ich nahm ihn schon gestern wahr. Er stand genau dort, wenn ich mich nicht irre, direkt vor „Eidos“. Er sieht gut aus, ja, nahezu zu gut. Mich würde sehr interessieren, warum er hier ist. Warum steht er wie angewurzelt vor diesem Gemälde? Ich beobachte ihn, er zieht meine Aufmerksamkeit weg von meiner Arbeit. Zuerst steht er 20 Minuten vor dem Gemälde, dann schaut er sich noch andere Bilder an, nur um dann wieder lange vor „Eidos“ zu verweilen. Es macht mir natürlich nichts aus, ihn zu sehen, denn er sieht wahrhaft gut aus. Er ist groß, einen guten Kopf größer als ich. Seine Statur ist sportlich. Unter dem olivfarbenen T-Shirt, das locker geschnitten ist, zeichnen sich seine trainierten Brustmuskeln unterhalb des V-Ausschnitts ab. Er trägt das Shirt locker und hat zumeist eine Hand in seiner perfekt sitzenden braunen Chinohose. Seine moosgrün leuchtenden Augen sind hypnotisch auf das Bild gerichtet. Das Profil seines Gesichts ist perfekt. Seine Nase ist gerade. Seine Lippen wirken weich und gepflegt. Ein Fünftagebart und seine etwas zu langen braunen Locken umrahmen dieses schöne Gesicht und der gebräunte Teint lässt ihn wie ein Model erscheinen. Ich merke, wie ich ihn anstiere und mein Hals mit jedem Moment an Länge gewinnt.

Ich möchte ihn schon ansprechen, getraue mich jedoch nicht gleich. Hier aus sicherer Entfernung kann ich ihn wie eines dieser Werke bewundern. Doch wie bei der Kunst, kann ich es nicht beim Bewundern bleiben lassen. Ich muss ihn erforschen. Ich stehe wie gelenkt von meinem Platz auf und gehe auf ihn zu. Ich denke schon gar nichts mehr. Es geht wie automatisch, einer meiner Füße setzt sich vor den anderen in seine Richtung. Nur noch drei Schritte, dann stehe ich direkt neben ihm. Was soll ich jetzt sagen? Ich kenne tausende Worte und jetzt schaffe ich es nicht, mir einen Satz zurecht zu legen? Peinlich! Das war ja klar, sonst reden wie ein Wasserfall, aber wenn es darauf ankommt, fällt mir natürlich nichts

ein. Zum Glück kommt er mir zuvor: „Salut!“, sagt er mit einem süßen Akzent und wippt dabei ein wenig nach hinten.
Kurz starre ich ihn an und sage dann: „Ich heiße Thalia, Thalia Ehmann.“ Oh nein! Das klang dämlich. Wieso sollte es ihn bitteschön interessieren, wie ich heiße und sowieso, warum sollte ihn mein Nachname interessieren? Naja, vielleicht hat er ja gar nicht bemerkt, wie dämlich das klang. „Und sie?“, frage ich ihn
„Ich heiße Enrique, Enrique Fontaine.“, antwortet er grinsend und legt kurz seine wunderschönen Zähne frei. Oh Mann, er hat es bemerkt und schon steigt die Röte in mir auf und legt sich auf meine Wangen und Ohren. Peinlich berührt will ich mich umdrehen und so tun, als ob ich mich wieder meiner Doktorarbeit widmen würde. Doch er streckt seine Hand nach meiner Schulter aus. Mann, hat er muskulöse Arme! Wie konnten die mir nur entgehen?
Als er merkt, wie ich seine Arme betrachte, grinst er schon wieder amüsiert. Ein Lächeln, das, glaube ich, nur er so umwerfend hinbekommt. Fragend sehe ich ihn an. „So, Thalie Ehmann, dann erzählen sie mir doch mal, was sie hier machen. Eine so junge hübsche Frau an solch einem Ort? Müssten sie nicht an irgendeinem Strand liegen?“, fragt er mich und so kommen wir in ein Gespräch, in dem ich ihm von meiner Doktorarbeit erzähle und er mir von seiner Leidenschaft für abstrakte Kunst.
Wir haben uns schon längst auf eines der Sofas gesetzt und sind zum Du gewechselt, als er meint: „Hättest du vielleicht Lust, mit mir essen zu gehen?“ Habe ich mir das eben nur eingebildet? Ich meine, so ein Mann wie Enrique würde sich doch niemals freiwillig mit mir treffen wollen. Oder etwa doch? Ich war nicht hässlich, daran lag es nicht. Die meisten würden sagen, dass ich hübsch bin. Ich habe haselnussbraunes langes Haar, dunkelbraune Augen und

mein Gesicht ist recht symmetrisch. Ich habe vielleicht etwas zu schmale Lippen und insgesamt bin ich etwas dünn geraten, aber „hässlich“ wurde ich noch nie genannt. Es ist eher mein Talent, immer genau das Falsche zu sagen, das die Männer abschreckt. Dazu kommt, dass meine Interessen nicht gerade typisch sind für eine 27-jährige Studentin aus München: Die meisten würden mich wohl als Streberin bezeichnen. Ich lese gern, trinke Tee, zeichne oder male, schaue gerne alte Romanzen an oder gehe spazieren. Ich besuche gerne Museen, das Ballett oder das Theater. Meist teile ich mir die Räume mit alten Herrschaften und nicht mit so gutaussehenden Männern. Wenn es der Zufall will und ich dann doch einmal in ein Gespräch mit einem männlichen Wesen meines Alters komme, sage ich entweder etwas Peinliches, tue etwas Peinliches oder trete in irgendein Fettnäpfchen, das sich in der Situation eröffnet. Ich verstehe die Witze meist nicht, finde sie einfach nicht witzig oder ich kenne die „berühmten“ Personen nicht, von denen sie mir erzählen. Die FC-Bayern-Spieler sind da eingeschlossen. Und sollte ich mich dann doch einmal mit einem jungen Mann unterhalten, dem Klee, Baumeister, Picasso, Pollock, Kandinsky und Winter etwas sagen, dann leben sie in einer offenen Beziehung, in einer geschlossenen Beziehung oder sind homosexuell. So kommt es, dass meine letzte Beziehung drei Jahre zurückliegt. Naja, wir waren nur drei Monate zusammen und ich bin mir nicht sicher, ob er uns überhaupt als Paar gesehen hat. Beziehungen waren und sind für mich kein einfaches Thema. Und jetzt will dieser attraktive und offensichtlich kultivierte Kerl mit mir ausgehen?

Ich bin mir unsicher und starre ihn deshalb erstmal nur an. Als ich nicht antworte, fügt er hinzu: „Ich weiß, dass es komisch klingt. Wir haben uns schließlich grade erst ken-

nengelernt, aber ich habe dich gestern und heute etwas beobachtet und bewundere dich für deinen Eifer. Wir scheinen, viel gemeinsam zu haben, und ich hätte wirklich große Lust, mit dir auszugehen. Also was sagst du?"
Ich muss nicht lange überlegen und antworte etwas zu laut: „Na klar habe ich Lust. Wann und wo?"
„Ich kenne mich hier noch nicht so aus, aber um 18:30 Uhr am Hölderlin-Denkmal am Neckar? Kennst du diese Stelle?"
Zufällig kenne ich tatsächlich die Stelle, denn sie liegt nicht weit entfernt von meiner Pension und ich fuhr gestern an der Statue vorbei. Das muss er sich schon überlegt haben, denn er hat davor keine Sekunde überlegt, mich nach diesem Essen zu fragen. Als sein Handy vibriert, schaut er schnell darauf und verabschiedet sich von mir mit einer Umarmung, bei der er mich etwas zu nah an sich zieht für Freundschaft. Er schenkt mir eines seiner umwerfenden Lächeln und verlässt mit einem lässig wippenden Gang die Sammlung.
Ist das gerade wirklich passiert? Oder habe ich mir das vielleicht alles nur eingebildet und das Gespräch hat in Wirklichkeit nie stattgefunden? Nein, dieser Mann will wirklich mit mir ausgehen und er hat wirklich gesagt, dass er mich bewundert. Aber was meint er mit bewundern? Wahrscheinlich denke ich jetzt wieder zu viel und er will mich einfach nur als gute Freundin oder hat Fragen zu der Sammlung.
In meiner Pension angekommen, gehe ich erstmal ins Bad. Ich schaue langsam in den Spiegel und erschrecke mich fast. Nach einem Tag in der Sammlung sehe ich nicht gerade ausgehfertig aus. Meine Haare hängen schlaff herunter, meine Wimperntusche hat sich wunderbar um mein Auge geschmiert, meine Stirn glänzt und die Mittesser auf meiner Nase sind deutlich zu sehen. Der

leichte Schweißgeruch rundet alles ab. Ich stelle mich notgedrungen erst einmal unter die heiße und wiederbelebende Dusche. Nachdem ich fertig mit Duschen bin, sehe ich auf meiner Handyuhr, dass ich grademal noch 15 Minuten habe. Ok, das wird sportlich. Ich föhne meine Haare im Rekordtempo und binde sie noch leicht nass zu einem locker geflochtenen Zopf zusammen, dann kann ich sie nachher öffnen und habe diese tollen Wellen. Ich tusche mir meine Wimpern ein wenig und trage mir etwas von meinem Lieblingslippenstift auf, den ich gleich noch als Rouge verwende. Dann schlüpfe ich schnell in das einzige sommerlich-elegante Kleid, das ich mir sicherheitshalber doch eingepackt habe. Wie man sieht, passieren doch manchmal überraschend schöne Zufälle. Sonst trage ich meist ein lockeres T-Shirt und eine Jeans. Außerdem ziehe ich die feine silberne Halskette mit dem kleinen Halbmondanhänger aus der Schublade. Die Schuhwahl gestaltet sich mangels Auswahl einfach. Bei der Wahl zwischen den bequemen Nikes, den Flip-Flops und den schwarzen Pumps, machen knapp die Pumps das Rennen. Dann reiße ich meine kleine Handtasche von der Garderobe und gehe die wenigen Meter zum Denkmal. Ich bin schon etwas zu spät dran. Hoffentlich wartet Enrique noch nicht zu lange. Das wäre sehr peinlich, Ich sehe es schon kommen: Bei diesem Date läuft mal wieder alles schief. Gleich muss ich da sein, denn ich sehe schon die Bäume am Rande des Neckars. Meine Hände zittern und meine Knie sind instabil.

Da steht er schon. Mit seinen lockigen Haaren und seinen grünen Augen sieht er zum Niederknien aus. Er trägt ein weißes, locker geknöpftes Hemd und dazu eine lässige schwarze Jeans, die an einigen Stellen etwas ausgewaschen ist. Er sieht einfach perfekt aus.

Ich kann mit hohen Schuhen normalerweise nicht so gut laufen, aber diese schwarzen Pumps haben einen recht niedrigen Absatz. Die Schuhe werden mich also hoffentlich nicht enttäuschen. Doch gerade als ich sehe, dass Enrique mich bemerkt hat, knicke ich um und stolpere ungraziös auf dem Bürgersteig umher. Schon rennt Enrique mir zu Hilfe und fragt: „Alles in Ordnung?“.
„Alles klar! Das war geplant, um deine Reaktionszeit zu testen“, gebe ich zur Antwort und rappele mich dabei wieder hoch.
„Hallo, Thalia. Na, dann hoffe ich, dass ich den Test bestanden habe. Ich habe uns einen Tisch in einem kleinen netten Restaurant reserviert, das mit empfohlen wurde.. Es ist nicht weit von hier.“, sagt Enrique mit seinem leichten französischen Akzent. Ich habe nichts dagegen, also laufen wir die wenigen Meter Richtung Restaurant und reden währenddessen über Nürtingen und unsere ersten Eindrücke von dieser Stadt am Neckar. Wir müssen beide zugeben, dass der erste Eindruck dieser Stadt wenig positiv ist. Doch auf den zweiten Blick eröffnet sie einen ganz eigenen Charme. Begonnen bei den bunten Blumen, die einen entlang der Durchfahrtsstraße begleiten, über die schöne Anlage des Neckarufers bis hin zur liebevoll gestalteten Innenstadt, die einen mit ihrem Kopfsteinpflaster und den kleinen Läden in den alten Fachwerkhäusern bezaubert. Enrique erzählt mir von der alten Lateinschule, auf die bereits Hölderlin ging, und von dem Stadtbrand, der den größten Teil der Stadt 1750 in Schutt und Asche legte. Er weiß das alles aus dem Stadtmuseum, in dem man mehr über den Ort zu Zeiten der Römer erfahren kann und es eine kleine Sonderausstellung zu Hölderlin gibt. In meinen Gedanken zitiere ich „Lebenslauf“. Dieses Gedicht musste ich einst auswendig lernen in der Schule, doch erst mit der Zeit konnte ich für mich einen Sinn daraus ziehen. Seither begleitet es mich.

Nach nicht einmal fünf Minuten sind wir an dem kleinen gemütlich wirkenden Restaurant in der Altstadt angekommen. Enrique öffnet mir die Tür. Eine Bedienung führt uns an einen kleinen Tisch, der vollkommen eingedeckt ist. Auf dem Tisch stehen zwei weiße Kerzen und eine Vase mit ein paar frisch duftenden Rosen. Enrique zieht einen Stuhl zurück und macht eine zuvorkommende Geste, die mich auffordert, mich auf diesen zu setzen. Er ist wirklich ein echter Gentleman. Er bestellt für uns beide ein Glas des teuersten Rotweins, den das Restaurant führt. Die freundliche Bedienung kritzelt die Bestellung auf ihren Block und verschwindet damit in der kleinen Küche. Enrique lächelt mich mit seinen strahlenden Augen einfach nur an und ich entdecke die kleinen Grübchen in seinem Gesicht.
Wir reden nicht viel. Die Stille zwischen uns wird nach einigen Augenblicken bedrückend. Ich muss jetzt schnell irgendetwas sagen. Was stand nochmal auf der Internetseite? Ich habe mir extra noch einen Beitrag mit der Überschrift „60 Fragen für das erste Date“ durchgelesen. Doch das hat nichts gebracht, weil ich keine einzige Frage mehr im Kopf habe. Es ist schon bestimmt seit zwei Minuten so still. Zu lange, denn langsam merke ich, dass ich rot werde vor Verlegenheit, und das Rouge, das ich ja noch auftragen musste, wird das nur schlecht kaschieren.
„Du wirkst irgendwie, wie sagt man, deprimiert. Was ist los?“ Enrique unterbricht die Stille mit einer Frage, die mich schon wieder überfordert. Soll ich ihm von meiner Oma erzählen? Warum nicht? Gegen die Stille wäre es auf jeden Fall gut. Also antworte ich: „Weißt du, es passt vielleicht nicht hierher, aber ich bin wirklich etwas deprimiert. Ich war heute Morgen bei meiner Großmutter im Altersheim. Ich habe sie nur nach meinem Großvater gefragt. Sie hat Alzheimer, musst du wissen, und es ist nur schwer, etwas Verlässliches von ihr zu erfahren. Sie hat

sehr merkwürdig regiert und das beschäftigt mich. Ich weiß nicht, wie ich damit umgehen soll. Gesagt hat sie mir leider nichts zu meinem Großvater, aber ich weiß, dass ihre Reaktion etwas zu bedeuten hat. Ich frage mich nur, was."

Oh, Mist. In dem Moment als ich den letzten Satz ausspreche, kann ich mich an einen Teil des Loveguide-Artikels erinnern: ...Zum Schluss listen wir euch noch ein paar Themen auf, die euer Date komplett ruinieren könnten. Egal was passiert, redet nicht über diese vier Themen:

1.Euren Ex – Wer über vergangene Beziehungen spricht, vermittelt den Eindruck, dass er noch nicht damit abgeschlossen hat.

2. Gewichtsprobleme – Viele Frauen haben ihre Problemzonen, aber darüber reden solltest du nicht. So könntest du schnell den Eindruck vermitteln, dich selbst nicht zu akzeptieren.

3. Krankheiten – Hebe dir dieses Thema für spätere Zeiten auf. Oftmals kommt man sehr wehleidig bei seinem Gegenüber an, wenn man von seinen ganzen Wehwehchen redet.

4. Eure Großeltern – Über Omas und Opas zu reden, ist einfach ein großer Abturner und gehört nicht zum ersten Date.

Aber Enrique reagiert ganz gelassen. „Oh, was ist denn genau passiert?", fragt er und scheint, wirklich interessiert zu sein.

„Naja, ich arbeite ja an meiner Doktorarbeit über Willi Baumeister in der Sammlung Domnick und ich habe gestern ein Bild von einer Einweihungsfeier aus dem Jahr 1967 im Archiv gefunden. Es war ein Bild von den Gästen dieser Feier und eigentümlich hatte ich das Gefühl diesen einen Mann auf dem Bild zu kennen. Ich überlegte hin und her, wer das sein könnte.", erzähle ich Enrique die ganze Geschichte von vorne.

„Und was hat deine Oma damit zu tun?“, hakt Enrique aufmerksam nach.
„Ich kam nach einer Weile darauf, dass es eventuell mein Großvater sein könnte, war mir aber nicht sicher. Daraufhin wollte ich meine Oma fragen, wusste aber schon, dass das schwierig wird, weil sie Alzheimer hat und auch ziemlich dement ist. Aber als ich dann bei ihr war und sie das Bild sah, hat sie sich zutiefst erschrocken und antwortete mir nicht.“ Ich bin erstaunt darüber, wie schnell ich Enrique vertraue. Das ist sonst sicherlich nicht meine Art. Es muss daran liegen, dass wir uns völlig fremd und doch irgendwie verbunden sind durch die Kunst.
„Das tut mir sehr leid.“, bekundet Enrique und aus irgendeinem Grund glaube ich ihm das auch. Ich weiß nicht, was ich noch sagen soll, aber genau in diesem Moment kommt die Bedienung wieder und bringt uns den Rotwein und eine Flasche stilles Wasser.
Enrique bestellt sich eine Flädlesuppe und einen Zwiebelrostbraten mit Käsespätzle und ich nehme die Lachsmaultaschen mit einem kleinen Beilagensalat. Als die Bedienung sich den anderen Gästen zuwendet, stoßen wir an.
„Auf einen schönen Abend.“, sage ich. Zum ersten Mal an diesem Abend kommt etwas aus meinem Mund, das ich nicht bereue.
„À la tienne!“, antwortet Enrique in seinem wunderschönen Französisch.
Der Wein ist hervorragend. Doch bei meinem zweiten Schluck rutscht mir das Weinglas ein Stückchen aus der Hand und mein Kleid und ein Teil der weißen Tischdecke werden in Rotwein getränkt. Auch mein Gesicht wird sofort purpur, allerdings nicht wegen des Weins, sondern weil es mir sehr peinlich ist. Ich versuche, diese Situation zu retten, und beginne, etwas zu hysterisch zu lachen.
Enrique stimmt in das Lachen ein und beruhigt mich, indem er meint: „Ist doch nicht so schlimm. Das kann jedem

passieren.“ Ja, denke ich mir, aber mir passiert das nicht zum ersten Mal.
Ein Kellner kommt und wechselt die Tischdecke mit einem leicht genervten Grinsen. Endlich wird auch das Essen serviert. Während wir essen ist es wieder stiller, aber in meinem Kopf höre ich immer wieder dieses eine Lied, das irgendwann einmal im Radio gespielt wurde.

„Something in you, lit up heaven in me.
The feeling won't let me sleep,
'Cause I'm lost in the way you move, the way you feel.“

Dieses Lied passt perfekt zu meinen Gefühlen. Ich habe in diesem Moment zwar keine Ahnung, wie das Lied heißt oder wer es singt, da es nur vorhin im Radio lief und ich solche Musik sonst nie höre, aber das ist gerade auch nicht wichtig. Enrique macht mich in diesem Augenblick, wenn ich ihn einfach nur angucke, unfassbar glücklich. Insgeheim hoffe ich, dass er genauso denkt. Er lächelt mich schon die ganze Zeit so liebevoll an. Das macht mich ganz nervös. Ich entziehe mich der Situation, bevor ich erneut erröte, und flüchte auf die Toilette.
Vor dem Spiegel der Toilette angekommen, werde ich erstmal wieder an mein Missgeschick mit dem Rotwein erinnert. Naja, er fand es ja nicht schlimm und ich muss mich normalerweise nicht sehen. Also nehme ich nur meinen Lippenstift aus meiner Handtasche und ziehe ihn ein bisschen nach. Danach zähle ich bis 40 und rede mir ein, dass ich ab jetzt ganz zivilisiert agieren werde. Er soll ja nicht denken, dass ich hier drin Probleme habe und gehe wieder raus. Ich sehe, dass Enrique in der Zeit, in der ich weg war, ein Himbeerparfait mit einer Wunderkerze drauf für mich bestellt hat. Ich setze mich wieder an den Tisch und kann meine Freude über diese Aufmerksamkeit nicht

unterdrücken. Ich bedanke mich freudestrahlend bei ihm für diese süße Überraschung.
„Ich habe gelogen und gesagt, dass du heute Geburtstag hättest, nur damit ich die Wunderkerze bekomme.“, flüstert mir Enrique zu und ich muss daraufhin ein wenig kichern.
Nachdem ich auch mein Dessert gegessen habe und mein Bauch eigentlich gar keinen Platz mehr in dem Kleid hat, beschließen wir, noch ein bisschen am Neckar entlang zu spazieren. Ich bin noch nicht lange hier, aber ich mag diesen Ort. Vorbei an dem Hölderlin-Denkmal, an dem wir uns getroffen haben, kommen wir zu einer vom niedrigen Wasser des Neckars freigelegten Kiesbank. Hier sitzen einige Jugendliche und hören Musik. Auch eine Vielzahl von Stockenten und sogar zwei Schwäne mit Jungen gesellen sich hier um die etwas ins Wasser ragenden Bäume. Wir gehen weiter bis zum Rudervereinshaus und da mir meine Füße von den Schuhen weh tun, beschließen wir, uns auf eine Bank am Neckarufer zu setzen. Wir blicken auf das sacht dahinfließende Wasser und hören das Wehr in der Nähe brausen. Eine Weile sieht er mich wieder einfach nur an. Ich spüre, dass das Kribbeln in meinem Bauch immer stärker wird.
„In dem Kleid siehst du sehr schön aus, chérie“, haucht Enrique und ich werde sofort wieder ein bisschen rot.
„Danke.“, erwidere ich und rücke ein Stückchen näher an ihn heran. Unsere Hände berühren sich. Er nutzt diese Chance und nimmt meine Hand in seine. Nun sitzen wir also händchenhaltend da und schauen in den mittlerweile von Sternen bevölkerten Himmel.
„Früher dachte ich immer, dass jeder Mensch seinen eigenen Stern habe, der immer auf einen aufpasst.“, erzähle ich leise.

„Das ist eine sehr schöne Vorstellung.", antwortet Enrique und guckt mir jetzt tief in die Augen. Wir kommen uns langsam immer näher, seine Hände umfassen mich und er zieht mich noch näher an sich. Währenddessen höre ich das Lied in meinem Kopf wieder.

„One kiss is all it takes,
Fallin' in love with me."

Dann berühren sich unsere Lippen. Zuerst ganz sacht, doch dann küsst er mich, als wäre das alles, was er jemals wollte. Es ist ein wundervoller Kuss, bei dem mein Herz seinen Takt verliert und mein Kopf jeden Gedanken.
Als wir uns wieder voneinander lösen, bin ich betrunken von all den Gefühlen und etwas vom Wein. Enrique haucht in mein Ohr: „Tu es la plus belle fille du monde."
Ich kann zwar kein Französisch, aber es hört sich wunderschön an und ich möchte ihm noch ewig zuhören; ewig mit ihm hier sitzen im Schimmer des Wassers, das sacht die kleinen Lichter des Himmels reflektiert; ewig in seine Augen blicken und seine Arme um mich spüren.
Da klingelt plötzlich ein Handy – sein Handy. „Oh, entschuldige, chérie, da muss ich leider rangehen.". Mit ernster Miene nimmt er ab. Er redet Französisch. Schnelle harsche Worte fliegen durch die Leitung. Er hat sich ein paar Schritte von mir entfernt, trotzdem sehe ich seine versteinerten Gesichtszüge, die sich immer etwas aufheitern, wenn er zu mir sieht. Was kann jetzt so wichtig sein, dass er mich hier nach solch einem Kuss sitzen lässt? Ich weiß nicht, was ich denken oder fühlen soll. Alles mischt sich in mir. Da kommt er zurück und ich erwarte schon seine Stimme, die mir entschuldigend eine gute Erklärung gibt, aber vergebens.

„Ich muss leider los, ma chérie. Es tut mir unendlich leid. Es ist ein Notfall. Glaube mir, ich würde jetzt nicht gehen, wenn es nicht besonders dringend wäre. Ich erkläre es dir später, versprochen. Ich rufe dich an. Wir müssen uns wiedersehen. Ich hoffe, du vertraust mir jetzt." Er pflückt ein Gänseblümchen, steckt es mir in mein Haar, küsst mich auf die Stirn und lächelt mich zum Abschied an.
Alles geht so schnell, dass ich nur noch ein „Ok." herausbekomme, dann ist er weg und ich sitze allein im Schein des Mondes.
Ich packe meine Tasche, ziehe die unbequemen Pumps aus und laufe barfuß zu meiner Pension. Was war das eben? Was konnte passiert sein? Ich merke, dass ich ihm so viel über mich erzählt habe, er mir aber nichts über sich. Ich weiß nicht einmal, warum er genau hier in Nürtingen ist. Jetzt meldet sich mein schlechtes Gewissen – erneut. Ich rede von meiner dementen Großmutter und komme nicht auf den Gedanken, dass in seinem Leben vielleicht etwas viel Bedeutenderes geschieht. Das werde ich beim nächsten Treffen wieder gut machen, nehme ich mir vor und schließe, in meiner Pension angekommen, meine Zimmertüre hinter mir ab. Halten wir fest, er hat mich geküsst und das muss etwas bedeuten. Es gibt bestimmt für alles eine ganz logische Erklärung.

Juli 1968

Es war schon spät abends, kurz vor 23 Uhr, um genau zu sein, als sich Greta erneut über die Gästeliste beugte. Wegen des fehlenden Gefühls der Sicherheit in den eigenen vier Wänden war es für Greta schon fast Tradition geworden, vor dem Zubettgehen die Gästeliste durchzugehen. Leider war es auch schon Tradition geworden, vor dem Zubettgehen im Fall „Eidos" kein Stück schlauer zu werden. Eher tappte sie jeden Tag noch mehr im Dunklen. Dennoch fing sie an, die Liste durchzugehen, in der Hoffnung, doch irgendetwas herausfinden zu können, wenn sie sich nur genug anstrengte. Wenn nicht sie, wer sonst? Die Polizei? Die hatte den Einbruch ja nicht einmal bemerkt! Ihr Mann? Er würde das doch nur abstreiten. Er würde sagen, dass da nichts ist; dass Greta sich nur etwas einbildete! Nein, sie musste es allein schaffen. Für ihre Sicherheit, für die Gerechtigkeit und für ihre Sammlung!
Motiviert, den Dieb ihres Gemäldes zu entlarven, fing sie an, die Gästeliste ihrer Einweihungsfeier im letzten Jahr zu lesen: Johann Goelz. Hatte er ein Motiv, um das Kunstwerk zu stehlen? Nein, dachte sich Greta. Mit ihm hatte sie ja auch zur ungefähr möglichen Uhrzeit des Diebstahls gesprochen, also fällt er weg, dachte sie. „Genau wie gestern.", schmollte sie vor sich hin
H. Domnick, was ihres Wissens nach Hans Domnick heißen musste, hatte ihrer Meinung nach ein Motiv. Er stand das ganze Konzert über ruhig da und hörte zu, als ob er plante, irgendwann heimlich abzutauchen. Allerdings erinnerte sie sich, dass er noch vor dem Diebstahl mit dem Auto nach Hause gefahren war. Ob das alles nur ein perfekt geplantes Alibi war, um später zurückzukommen und das Bild zu stehlen? Er kam ihr sehr verdächtig vor, bis sie sich erinnerte, dass er ja am nächsten Tag eine Geschäftsreise ins Ausland machen musste. „Also fällt er

auch als Verdächtiger aus.“, murmelte sie glücklich, da fiel ihr wieder ein, dass sie den gleichen Gedankengang gestern schon hatte.
Professor May stand auch auf der Gästeliste, aber er war als Dieb unwahrscheinlich. Immer formell und stilvoll gekleidet sowie sehr edel. Er hätte sich nicht mal den Aufwand gemacht, das Bild zu stehlen, es wäre ihm nicht angemessen genug gewesen. Doktor Bender – aber wie hieß er mit Vornamen? Arnold hätte es auch sein können. „Ach, hätte, hätte, hätte.“, flüsterte sie genervt. Sie kam keinen Schritt weiter voran, weil sie keinen klaren Entschluss bei den Personen fassen konnte. Also überlegte sie schnell und konzentriert: Arnold war am Abend des Konzerts und des Diebstahls anwesend, fiel aber als Verdächtiger weg, da er sich mit ihrem Mann Ottomar persönlich zum wahrscheinlichen Zeitpunkt des Raubs unterhielt. So weit so gut. Ein Verdächtigter weniger.
Sie fing an, das, was sie auf dem Papier sah, laut vorzulesen, weil sie dachte, dass sie so vielleicht etwas erkennen würde, was sie bisher übersehen hatte. Wen sollte es schon stören? Ihr Mann ist auf Geschäftsreise und die einzige andere Person in dem Haus, Frau Ziegler, wohnte auf der anderen Seite des entlegenen Hauses. Der Gedanke fast allein zu sein, lief ihr kalt den Rücken runter. Der nächste Nachbar war einige hundert Meter entfernt und so sehr sie die Abgeschiedenheit des Hauses am Tag mochte und gerne mit ihrem Mann teilte, so sehr fürchtete sie sich vor ihr, wenn sie allein des Nachts hier war. Aber es wird schon nichts passieren. Sie sprach sich selbst Mut zu.
Der nächste auf der Gästeliste war P. Kriwet. „Paul Kriwet, ein gutaussehender, junger Mann mit kurzen schwarzen Haaren, etwas schüchtern und unglaublich von der abstrakten Kunst fasziniert. Er malt selbst.“, sagte sie wispernd vor sich hin. Sie hatte seine Vernarrtheit in Kunst nicht vergessen. Er war förmlich in einer anderen Welt,

wenn er von der Kunst sprach oder die Kunstwerke genauer betrachtete und analysierte. Verdammt, er hatte das überzeugendste Motiv, um ein Bild zu stehlen. Verdammt nochmal ja! Sie kreiste seinen Namen dick und fett mit dem Bleistift ein. Aber wie hätte er das machen sollen? Ein Bild stehlen? Wie sollte überhaupt das Bild gestohlen worden sein? Und dann musste es ja auch ersetzt worden sein! Greta ging im Kopf einige Möglichkeiten durch. Die Alarmanlage war ausgeschaltet, dieses Hindernis hatte keiner an diesem Abend zu überwinden. Doch was war mit dem Gemälde? In diesem Format konnte keiner einfach damit rausspazieren? War jemand so dreist, das Gemälde vor ihren Augen zu stehlen? Sie hatten alle an diesem Abend ein paar Gläschen getrunken. Doch so betrunken waren sie nicht. Hatte der Dieb das Gemälde durch eines der Fenster verschwinden lassen? Greta kam bei ihren Gedanken auf keinen grünen Zweig. Am wahrscheinlichsten erschien ihr die Vermutung, dass jemand vorgab, auf die Toilette zu gehen während des Konzerts, und dabei das Gemälde austauschte. Sie waren alle so begeistert von der Musik, dass sie sich nicht weiter umsahen. Sie selbst war so nervös und hoffte, dass der Abend ein Erfolg würde. Ja, es musste recht früh an diesem Abend ausgetauscht worden sein. Der Gast hätte das gefälschte Bild einfach als Geschenk verpacken können, das wäre ihnen nicht aufgefallen. Und wie hatte der Dieb das Original mitnehmen können? Vielleicht hatte er es irgendwo im Eingangsbereich hinter all den Mänteln versteckt? All ihre Gedankengänge brachten keine Sicherheit. Es häuften sich die Vermutungen, doch ihr Gefühl blieb beständig.

Greta war sich zwar nicht sicher, aber sie glaubte, dass Paul nicht einmal den Raum verlassen hatte. Egal, sie hatte ja nicht gesagt, dass er es geklaut hat, aber er hatte das perfekte Motiv und sie wollte nichts überstürzen, aber

auch nichts ausschließen. Nun war der große Zeiger schon an der Zwölf vorbei, das heißt, es sind weniger als 60 Minuten bis Mitternacht. Und mit jeder weiteren Minute wurde ihr komisches Gefühl im Magen intensiver.
Nervös und verzweifelt machte sie weiter: Pierre Grillet? Kein besonders guter Freund, während der Tyrannei der Nazis hat er aber vielen Künstlern aus ihrem Bekanntenkreis geholfen. Er hat sich während der Feier zwar komisch verhalten, aber das war, weil es ihm nicht gut ging. Er hatte an diesem Abend einen Krampfanfall und seine junge Frau fuhr ihn höchst aufgelöst ins Krankenhaus. Er kann es nicht gewesen sein. Er war ein alter Freund Willis und würde dies niemals tun.
Greta zerbrach sich mittlerweile bei jeder Person den Kopf, ob sie nicht noch irgendein Detail vergessen hatte. Herr Lüschner war auch einer der ruhigen Sorte. Er stand 90 Prozent der Zeit da, lauschte entspannt der Musik und wippte im Takt hin und her. Er wechselte kaum ein Wort mit jemand anderem. So unauffällig, wie er gekommen war, verschwand er auch wieder.
Genau wie Gretas Laune ging ihre Konzentration in den Keller. Nach fünf Minuten machte sie sich kaum noch Mühe. Friedrich Sieber? Die ganze Zeit in Sichtweite! Hermann Hans Bitter? Er saß während des Konzerts neben mir, kein leiser Mann! Josef Schmidt – von der gleichen Sorte. Adam Weber? Ein charismatischer und extrovertierter Mensch. Er hing an den anderen Leuten wie eine Klette. Greta wollte sich kurz entspannen und schloss die Augen. Sie atmete tief ein und wieder aus. Sie legte sich hin und wurde von Dunkelheit umhüllt.
Das nächste, was Greta mitbekam, war, dass sie gähnte. Sie musste ein kurzes Nickerchen gemacht haben, denn die Zeiger auf ihrer Armbanduhr deuteten kurz vor Mitternacht an. Das heißt, sie war gut 50 Minuten weggetreten. Hervorragend, dachte sie sich. Sie musste unbedingt

herausfinden, wer das Bild gestohlen hatte. Sie stand auf, streckte sich, was sich überaus gut anfühlte, und ging in Richtung Bad. Jeder Schritt fühlte sich komisch an, als ob ihre Beine eingeschlafen wären, weil sie die letzte Zeit verquer gesessen hatte und vermutlich auf ihrem eingezogenen Bein eingeschlafen war. Als sie im Bad war, guckte sie in den Spiegel und erblickte das Gesicht einer Person, deren Augenringe ihre Müdigkeit verriet. Mit ihren beiden Händen schöpfte sie mehrmals kaltes Wasser und verrieb es im Gesicht. Nun war sie wenigstens wieder etwas wacher. Sie begann den Rückweg zu ihrem Zimmer und entdeckte das Gesicht des Mondes tief am Horizont und, etwas weiter davon entfernt, einen hellen Punkt, der ein Planet sein könnte. Als sie wieder an ihren alten Platz trat und sich dem Papier widmete, hielt sie kurz inne.
„War da ein Geräusch?", dachte sie voller Panik. Vielleicht bildete sie sich das Rumpeln ein, das sie gehört hatte. Oder es war ein Tier, ein Vogel beispielsweise, der gegen die Fensterscheibe geflogen war. Sie setzte sich aufs Bett und auf einmal rutschte ein kleiner Zettel unter den anderen Papieren, die sie auf der Seite ihres Mannes gestapelt hatte, um ihrem Verdacht weiter nachgehen zu können, hervor und landete unter dem Bett. Sie beugte sich und holte den Zettel hervor, der nahe bei ihrem Nachttisch gelandet war. Er war beschrieben und sie las:

wir haben bei nürtingen am fuße der schwäbischen alb ein haus für unsere sammlung gebaut und feiern die eröffnung am 27. Oktober 1967, 20.15 uhr mit drei uraufführungen moderner musik dazu laden wir sie herzlich ein
Ottomar und Greta Domnick

Die andere Seite lautete:

diese einladung gilt als eintrittskarte für 1-2 personen wegen hotelunterkunft und disposition der weiterfahrt nach nürtingen (eigener wagen?) antwort erbeten bis 15.10.1967 an dr. domnick.

Danach kamen nur noch Telefonnummern und die Adresse. Wie konnte sie das nur vergessen?
Auf der Rückseite waren noch ihr Mann und die Musiker vermerkt:

ottomar domnick:	*begrüßung*
bruno maderna:	*widmung o. d. für violine solo*
	theo olof, violine
aribert reinmann:	*nachtstück*
	liederzyklus auf texte von joseph von eichendorff
peter christoph runge:	*bariton*
aribert reinmann:	*klavier*
henning brauel:	*II. Streichquartett quattor parrenin paris*

Sie konnte wieder erleichtert aufatmen. Es war kein Erpresserbrief. Glück gehabt. Sie klappte den Zettel zu und legt ihn auf den Tisch, wobei ihr noch ein kleines Detail auffiel. Dunkler Anzug war erwünscht. Daran hatten sich ja zum Glück alle gehalten, sonst wäre es kunterbunt geworden.
Auf einmal traf es sie wie der Blitz. Sie saß stocksteif da und war wieder hellwach. Könnte es auch Prof. Lerat gewesen sein? Er war der einzige, der lediglich ein weißes Hemd getragen hatte. Das musste zwar nichts heißen, aber sie erinnerte sich sehr gut an ihn. Er war – genau wie Herr Kriwet – zutiefst fasziniert. Und wenn sie sich recht erinnerte, war er noch vor dem offiziellen Schluss und dem-

entsprechend nach Hause gegangen. Ob das nur eine Ausrede war? Endlich war sie in der Sache einen Schritt weitergekommen und genau wie bei Paul Kriwet umkreiste sie seinen Namen mit dem Bleistift.
Fasziniert und erstaunt von ihrer Leistung fand Greta neue Motivation und ging weitere Namen durch Professor Herber, Herr Karg, Herr Kerkovius, Professor Hirt, Herr Hajek, Dr. med. Haase. Leider kannte sie viele der Gäste nur flüchtig. Aber sie fühlte, dass sie dem Rätsel auf der Spur war. Die Müdigkeit forderte sie jedoch dazu auf, ihre Bemühungen ruhen zu lassen. So entschied sie sich, aufzuhören und schlafen zu gehen. Es war auch schon Viertel nach Zwölf.
Mühsam richtete sie sich auf und verließ schwankend das Bett, gefolgt von tanzenden schwarzen Pünktchen vor ihren Augen. Als ihr Schwindel und die kurze Orientierungslosigkeit vorbei waren, ging sie wieder ins Bad und putze sich die Zähne. Obwohl sie wusste, dass sie allein im Bad war und die Tür notfalls sogar verriegeln konnte, fühlte sie sich nicht so wohl. Sie vermisste ihren Mann, auch wenn er schon bald wieder da sein würde. Ohne ihn fühlte sie sich so schutzlos und angreifbar.
Eigentlich wollte sie zur Ablenkung noch etwas lesen, jedoch wurden ihr nach zehn Minuten ihre Augenlider schwer und sie fielen immer wieder zu. Es tat förmlich weh, die Augen offen zu halten. Es war nun ein guter Zeitpunkt, sich ins Bett zu begeben und zu schlafen. Sie zog ihre Socken aus, richtete ihr Kopfkissen und dachte an das leere Schlafzimmer ihres Mannes. Sie schliefen seit jeher getrennt. Wie stark sie ihn vermisste, spürte sie abends am stärksten.
Als sie das Licht ausmachen wollte, hörte sie wieder ein Geräusch. Normalerweise hätte sie gedacht, dass das wieder ihre Einbildung war, dafür war das Geräusch jedoch zu laut und eindeutig. Sie verspürte unglaubliche Angst.

Was ist das? Wer ist das? Was will er hier? Oder bin ich nun doch von der ganzen Angst und dem Stress paranoid geworden? Diebstahl? Bild? Eidos? Waffe? Diese Gedanken schossen ihr schlagartig durch den Kopf. Ihr wurde schwindelig, doch sie kämpfte gegen den Schwindel an. „Ich lasse mir nicht noch einmal ein Bild stehlen!“, flüsterte sie sich selbst Mut machend zu. Sie wusste, dass sie einem Dieb körperlich unterlegen wäre, weswegen sie sich entschied, das Schlafzimmer, indem er sie sicher finden würde, leise zu verlassen. Sie ließ das Licht in ihrem Zimmer an und wartete zwei Minuten still atmend, jeden Schritt, den sie tun wollte, planend, bis sich ihre Augen an die Dunkelheit angepasst hatten. Sie öffnete ängstlich die Zimmertür. Der Mond spendete etwas Licht, weswegen sie von ihrem Schlafzimmer aus schnell und ohne weitere Schwierigkeiten in den Ausstellungsteil des Hauses schleichen konnte. Dennoch war sie gerade da, wo durch den Mond Schatten geworfen wurden, sehr vorsichtig. Sie wollte sich schließlich nicht durch ihren Schatten verraten werden. Als sie an den Rückenlehnen einer Sitzecke ankam, hörte der Mond auf, sie in seinen Schutz zu nehmen, darüber war sie zwar froh, da sie nun nicht mehr auf ihren Schatten aufpassen musste. Wie sie aber merkte, nahm die Angst und Panik sie deswegen noch mehr ein. Mittlerweile zitterte sie schon. Unentschlossen kauerte sie am Rand der Ecke. Noch konnte sie zurückgehen und sich verschanzen. Doch ihr schien es sicherer, nach draußen zu gelangen.

Kurzes Nachdenken verhalf ihr zu neuem Mut. Sie würde sich nicht noch ein Kunstwerk stehlen lassen, dafür hing sie zu sehr an jedem einzelnen ihrer erworbenen Werke. Sie war an einem taktisch guten Ort, um einen Blick auf die Stelle zu werfen, an welcher sie das Geräusch vermutete – dachte sie zumindest. Nichts!

Sie sah nichts von dort, ohne sich zu verraten. Sie hätte mehr nach rechts gehen müssen, was unter normalen Umständen auch funktioniert hätte, wenn dort nicht noch Arbeiten ständen, denen wegen des Zeitdrucks noch keine Position zugeordnet waren.
„Verflixt!“, schrie die Stimme in ihrem Kopf, „Ich habe Ottomar doch gesagt, dass das kein guter Platz zum Abstellen der „übrigen“ Skulpturen sei!“
Sie hatte keine andere Wahl, sie musste näher an den Ort, von dem sie glaubte, das Geräusch gehört zu haben. Leise und konzentriert ging sie auf allen Vieren, um sich näher an den Ort des Geschehens schleichen zu können.
Da war ein Mann am Fenster. Sie meinte, eine große massige Statur erkannt zu haben, die mit irgendeinem feinen Werkzeug an ihrem Fensterrahmen werkelte. Die wahrgenommenen Bewegungen erschienen ihr flink und geschickt. Den Atem anhaltend wagte sie einen erneuten Blick. Beim zweiten Hinschauen erkannte sie, dass es sich bei dem Mann nur um einen der vielen Bäume handelte, die ihre Äste nach dem Haus streckten und wahnsinnig lange Schatten werfen konnten.
Nachdem sie diesen Schreck durchlebt hatte, war sie sehr verunsichert. Sie schlich weiter. Nach diesem Erlebnis versuchte sie, sich alleinig auf das Schleichen und Unentdecktbleiben zu konzentrieren. Sie versuchte, alles andere auszublenden, was aber nicht sehr erfolgreich war. Als sie nach oben blickte, sah sie riesige grimmige Schatten auf sie herabschauen. Sie hatte Angst und hielt an. „Nicht der Einbrecher, die Galerie ist mein größter Feind hier!“, wiederholte die Stimme in ihrem Kopf mantraartig. Sie bekam Gänsehaut bei dem Gedanken, dass das, was sie erschaffen hatte, ihr in dieser Situation am meisten im Weg stand. Sie wollte nicht mehr weitergehen. Sie wollte nicht zurückgehen. Sie wollte gar nicht mehr gehen. Sie wollte

sich einfach nur auf den Boden zusammenkauern, die Augen zu machen und gar nichts mehr tun. Vielleicht konnte sie ja warten, bis es Tag wurde.
Sie wusste nicht wieso, aber direkt nachdem sie das dachte, hat ihr Körper fast schon von allein angefangen, sich zu bewegen. Sie hätte etwas dagegen machen können, tat sie aber nicht. So krabbelte sie an eine vielleicht 50 Zentimeter hohe Betonmauer, auf der einige kleinere Metallskulpturen präsentiert wurden. Sie kroch an diesen kalten Beton gepresst weiter in Richtung einer Betonsäule, die circa 70 Zentimeter breit war und bis zur Decke ragte. Dort angekommen, war ihre Position perfekt, um auf die Stelle zu gucken, von welcher vermeintlich das Geräusch kam. Nein! Von wo der Einbrecher reingekommen sein musste.
Gerade, als sie die nächsten Schritte wagen wollte, hielt sie inne. „Was passiert, wenn ich jetzt wirklich schaue, was los ist?“, fragte sie sich. „Was, wenn ich gesehen werde? Nein, schlimmer! Was, wenn der Einbrecher auf der anderen Seite der Säule steht und nur darauf wartet, dass ich schaue, um mich zu überwältigen?“, grübelte sie leise. Sie wollte nicht schauen, konnte aber auch nicht zurück. Sie wurde auf sich selbst wütend: „Jetzt, wo ich da bin und ich einen gut ausgeklügelten Plan durchführen sollte, denke ich erst darüber nach, was ich machen werde! Ist das mein Ernst? Wie kann ich nur so dumm sein, ich hätte nachdenken sollen! Ich bin doch normalerweise nicht so dumm!“
Ihre Wut verwandelten sich in Selbstzweifel. Sie stand an die Säule gepresst da, regungslos und doch den Tränen nahe. „Es ist meine Schuld, dass jetzt noch ein Kunstwerk verschwindet. Es ist auch meine Schuld, dass Eidos verschwunden ist! Ich bin nicht so stark, wie ich vorgebe zu sein! Vergib mir, Ottomar! Wenn du erfährst, was passiert ist, was wirst du nur von mir halten?“, fuhr die innere

Stimme sie an. Trotzdem musste sie wissen, was sich in ihrem Haus abspielte. Ihre Neugierde dominierte ihre Gefühle. Langsam stand sie auf. Ihre Beine wurden schwach. Der Adrenalinkick setzte jedoch ein und stabilisierte sie. Sie spürte nun ein Kribbeln in der Brust und den Puls im Ohr rauschen. Dann lugte sie um die Ecke und starrte ins Finstere. Für fünf Millisekunden blieb ihre Zeit stehen, sie vergaß alles und starrte nur gebannt ins Nichts.
Auf einmal hörte sie leise Schritte. Ihr wurde klar, dass das, was gerade passierte, die Realität war. Ihr wurde klar, dass jeder diese Angst verspürt hätte. Sie drückte sich gegen die Wand. Eines kam ihr komisch vor: Die Schritte kamen von einem anderen Ort, als das Geräusch, das sie vorher gehört hatte. „Ein Hirngespinst? Nein, dazu war das Geräusch zu deutlich! War das erste Geräusch ein Ablenkungsmanöver? Wenn, dann würde man nicht beim zweiten Mal Lärm machen, der auf einen aufmerksam macht! Ist der Dieb, während ich mit mir selbst zu kämpfen hatte, an mir vorbeigeschlichen? Wenn ja, wäre es beschämend für mich!“, tadelte sie sich selbst in Gedanken, während ihr Puls stetig stieg. Auf einmal ging das Licht an. Greta holte tief Luft.
Die Haushälterin stürmte auf sie zu. „Ist alles in Ordnung, Frau Domnick?“, fragte sie sichtlich erregt. Greta antwortete darauf mit etwas zittriger Stimme: „Nein, ich glaube, jemand ist hier eingebrochen!“ „Ich habe auch etwas gehört, war aber nicht so mutig wie sie. Erst als ich sie schluchzen gehört habe, bin ich nachsehen gegangen.“, antwortete die Haushälterin betroffen. Greta war überrascht, sie hatte nicht gemerkt, dass sie geschluchzt hatte. Greta setzte sich in Begleitung von Frau Ziegler ins Arbeitszimmer und ließ sich einen Tee reichen. Nach dem Zusammentreffen vorhin im Dunklen saß beiden noch der Schreck in den Gliedern. Beide waren froh, nicht allein im gespenstig wirkenden Anwesen der Domnicks sein zu

müssen. Ein Glück hatte Frau Ziegler ihren freien Tag von heute auf Sonntag verschoben.
„Ich bin froh, jetzt nicht allein sein zu müssen“, merkte Greta mit einem Hauch von kindlicher Angst an, die sie sonst niemals gegenüber ihrer Haushälterin eingestanden hätte.
Die Haushälterin stand auf und beruhigte ihre Arbeitgeberin: „Ich gucke kurz alles durch, ob irgendetwas abhandengekommen ist.“
Greta nickte nur abwesend. Hatte sie sich das Geräusch nur eingebildet? Ein neuer Laut ließ sie aufhorchen. Da war etwas und es wurde lauter. Greta erkannte, dass es Sirenen waren. Wahrscheinlich hatte Frau Ziegler vergessen, den Fernseher abzuschalten. Sie schaute oft Krimis, fiel ihr ein. „Frau Ziegler, könnten sie ihren Fernsehapparat abschalten, bitte!“ rief sie der Haushälterin hinterher.
Frau Ziegler, die in diesem Moment ins Arbeitszimmer kam, blieb verwirrt stehen. „Aber ich habe heute Abend doch gar nichts angeschaut!“, meinte sie.
Greta wurde auf einmal ganz flau im Magen. Sie fragte die Haushälterin alarmierend: „Also stammt die Sirene aus keinem Krimi?“ Frau Ziegler schüttelte den Kopf. „Das kommt von draußen, aber machen sie sich keine Sorgen, bestimmt gab es einen Vorfall in Wolfschlugen.“
Greta schüttelte den Kopf. „Es kommt immer näher, wäre etwas in Wolfschlugen passiert, würde es sich schon längst wieder entfernen.“ Die beiden Frauen schauten sich mit vor Angst geweiteten Augen an.
„Sie meinen, es wurde doch bei ihnen eingebrochen?“, wollte Frau Ziegler wissen.
In diesem Moment klingelte es. Greta stand zögernd auf. „Das werden wir gleich sehen.“ Mit klopfendem Herzen ging sie an die Haustür und öffnete diese einen Spalt breit, jederzeit bereit, sie wieder zuzuschlagen.

Frau Ziegler, die sich zur Verteidigung ihren Besen geschnappt hatte und auch auf die Tür zuging, gab sie auch ein Zeichen, nicht weiter ranzukommen.
„Guten Tag, Frau Domnick, ich bin Kommissar Wenzel, meine Kollegen und ich sind da, weil bei ihnen die Alarmanlage aktiviert wurde." Kamen die Worte des Polizisten durch den Türspalt. Greta öffnete die Türe. Sie blickte einem freundlichen, hochgewachsenen Polizisten um die 30 in die Augen. Froh, dass an der Tür nur die Polizei war und zugleich alarmiert, bat sie den Kommissar herein.
Während seine Kollegen das Gelände absuchten, befragte der Beamte Greta. „Also gut, Frau Domnick", begann der Kommissar die Befragung, „sind sie allein hier oder befindet sich noch jemand in dem Haus?"
„Nur noch unsere Haushälterin Frau Ziegler, mein Mann ist noch bis morgen geschäftlich unterwegs.", gab Greta preis.
„Ich werde Frau Ziegler nach ihnen befragen müssen. Aber erzählen sie doch bitte, ob ihnen etwas aufgefallen ist."
„Vor etwa einer halben Stunde habe ich noch…naja, wie soll man es sagen… recherchiert. Und dann dachte ich, ein Geräusch vernommen zu haben, und sah nach, woher dieses Geräusch gekommen sein könnte. Dabei bin ich auf Frau Ziegler gestoßen, jedoch konnten wir keine Ursache ausmachen. Frau Ziegler begleitete mich in die Küche und kochte mir einen Tee, schließlich war ich sehr aufgewühlt. Keine fünf Minuten später standen dann sie vor meiner Tür und bestätigten mir, dass das doch keine Einbildung gewesen war.", endete Greta, die das große Verlangen hatte, einfach aus diesem Albtraum aufzuwachen.
„Aber eine Person, einen Schatten oder etwas in der Art konnten sie nicht ausmachen?", fragte Kommissar Wenzel.

Greta dachte mit einem Schaudern an zurückliegenden Minuten. Resigniert schüttelte sie jedoch den Kopf. „Außer den Schatten der Masken und die Bewegungen der Bäume habe ich nichts Auffälliges bemerkt."
„Puh, danke, Frau Domnick. Dann werden wir mal nachsehen, ob es irgendwo Einbruchspuren gibt oder ob es sich um einen Fehlalarm handelt. Ich bitte sie, schauen sie doch einmal nach, ob irgendetwas entwendet wurde.", schloss Herr Wenzel die Befragung zunächst ab und wendet sich wieder seinem Notizheft zu, in das er bis jetzt alles fleißig dokumentiert hatte.
Greta ging es durch den Kopf, dem Polizisten von ihrem Verdacht bezüglich „Eidos" zu erzählen, aber was würde dieser mit so einem Gefühl einer Frau schon anfangen? Sie hatte überhaupt keine Beweise, dass das Bild wirklich vertauscht worden war. Sie würde am Ende vielleicht nur für verrückt erklärt. Sie kannte sich damit zu gut aus, um jetzt etwas zu riskieren.
„Frau Domnick?", wurde sie aus den Gedanken gerissen.
„Ah, entschuldigen sie, ich musste kurz überlegen.", antwortete sie schnell.
„Haben sie in letzter Zeit verdächtige Personen in der Nähe ihres Hauses gesehen, die auffällig lang oder oft da waren?", wollte er noch von ihr wissen.
Wieder dachte Greta nach. Sollte sie ihm doch noch von ihrem Verdacht und von ihrer Verdächtigten erzählen? Sie würde sich allerdings nur Feinde machen, wenn sie ihm jetzt die Namen der Personen nannte, die im Nachhinein unschuldig sein könnten. Sie beschloss, nun mit dem Kopf zu schütteln.
„Also gut.", sagte der Polizist. Sie sah, wie seine Augen von der einen zur anderen Seite der Notizen sprangen. „Würden sie mit mir noch eine Runde durch das Haus drehen und schauen, ob auch wirklich nichts entwendet wurde?", forderte Herr Wenzel sie auf. Greta nickte und

gemeinsam machten sie einen Rundgang durch ihre Villa. Vor „Eidos“ blieb Greta stehen. Wieder hatte sie das Gefühl, dass mit dem Bild etwas nicht stimmte, aber so sehr sie es auch betrachtete, sie konnte nicht sagen, was sie an dem Bild störte.

„Frau Domnick, geht es ihnen gut? Fehlt ein Bild oder eine Statue, Unterlagen aus dem Büro oder hat sich irgendetwas geändert?“, wollte der Kommissar wissen, dem ihr langer Aufenthalt vor dem Bild aufgefallen war.

„Nein, nein, ich bin nur etwas müde.“, log Greta und lief zurück ins Arbeitszimmer. Dort warteten die Haushälterin mit zwei weiteren Polizisten auf sie.

„Konntet ihr etwas finden?“, wollte Wenzel von ihnen wissen. Der Jüngere der beiden nickte: „Ja ein paar Fußabdrücke, aber durch die Hitze der letzten Wochen lässt sich leider kein richtiger Abdruck aus dem Staub machen. Wir können aber sagen, dass der Täter ungefähr Schuhgröße 42/43 trägt. Und dann wären da noch die Einbruchspuren an einem der Fenster nach hinten raus. Sehen aus, wie von einer Brechstange verursacht. Wie es scheint, wurde der Einbrecher bei dem Versuch, das Fenster zu öffnen, gestört und ist abgehauen!“

Nach der Befragung von Greta war Elisabeth Ziegler, ihre Haushälterin, dran. Kommissar Wenzel schickte Greta noch einmal, ihre Bilder und Statuen auf ihre Vollzähligkeit zu überprüfen, damit er in Ruhe Elisabeth Ziegler befragen konnte. Greta lief durch die Sammlung und musste an ihren Mann denken.

„Ach, wie sehr ich dich vermisse.“, stöhnte Greta. Wie sollte sie ihm von dem Einbruch erzählen? „Guten Tag, Ottomar, bei uns wurde versucht einzubrechen. Mir erging es prächtig. Ich musste das alles nur allein durchstehen und fühle mich hier so sicher, wie nie zuvor!“, sagte sie sarkastisch vor sich hin. Sie kämpfte mit dem

Gedanken, zu Frau Ziegler und dem Polizisten zu schleichen, um zu hören, was ihre Haushälterin zu erzählen hatte. Am Ende gewann dann die neugierige Seite und sie schlich zum Arbeitszimmer. Zum Glück war die Villa offen gestaltet, so konnte sie jedes Wort, das im Arbeitszimmer fiel hören. Sie stellte sich vor ein Bild, um, falls die zwei anderen Polizisten hier vorbeigekommen wären, nicht den Verdacht aufkommen zu lassen, sie würde spionieren. Sie fing konzentriert an zu lauschen.

„Ich arbeite seit circa einem Jahr für die Domnicks und komme eigentlich aus Nürtingen.“, vernahm Greta Frau Zieglers Stimme.

„Ist ihnen jemand oder etwas Komisches in der Nähe des Hauses aufgefallen, oder haben sie erst vor kurzem Handwerker im Haus gehabt?“, fragte nun der Kommissar.

„Nein, der letzte Besuch war der Schornsteinfeger, aber das war vor ungefähr zwei Monaten.“, antwortete ihm die Haushälterin. „Und“, sie stockte.

„Und…was?“, wollte Kommissar Wenzel wissen.

„Naja, der Gärtner. Ich habe ihn letzte Woche auf eine Tasse Kaffee eingeladen. Wissen sie, ich mag den Gustav und, ich glaube, er mich auch. Aber er würde niemals bei den Domnicks einbrechen. Ich meine, er weiß doch Bescheid, wann die Alarmanlage ausgeschaltet wird, zum Beispiel, wenn er die Dachrinnen säubert. Wieso sollte er dann versuchen, bei eingeschalteter Alarmanlage zu stehlen?“

Greta war nicht entzückt von dem Gehörten. Sie nahm sich vor, ein ernstes Wort mit ihr zu reden, denn es gab keine Rechtfertigung dafür, dass sie den Gärtner auf ein Kaffeekränzchen zu ihnen ins Haus eingeladen hatte. Bald lädt sie auch noch den Postboten ein und alle feiern ein Fest auf unsere Kosten.

„Wir werden den Gärtner überprüfen. Können sie uns seine Kontaktdaten geben?“, forderte der Polizist sie auf und sie schien eingewilligt zu haben, denn Greta hörte, wie ein Bleistift über ein Papier kratzte.
Greta spürte plötzlich, wie sie gleich husten musste und verfiel in Panik. Langsam machte sie ein paar Schritte nach hinten und stellte sich vor eine Statue. Falls sie die Aufmerksamkeit der Polizisten auf sich zog, konnte sie so den Anschein wahren, dass sie ihren Besitz kontrollierte. Sie hielt sich einen Arm vor den Mund und hustete.
„Alles in Ordnung, Frau Domnick?“, hörte sie einen der Polizisten sogleich rufen.
„Ja, alles in Ordnung, mein Hals ist nur ein wenig trocken, aber danke.“, gab sie betont freundlich zurück. Nach einer Minute postierte sie sich wieder in der Nähe des Bildes. In Gedanken fluchte sie, dass es genau jetzt passiert war, vielleicht hatte sie etwas Wichtiges verpasst.
Nach zwei Minuten fiel auch keine weitere interessante Information mehr. Die Haushälterin beantwortete die Fragen, die zum Teil bereits Greta gestellt worden waren.
Auf einmal hörte sie, wie Schritte auf sie zukamen, und sie schlenderte ein paar Bilder weiter, sodass sie Elisabeth und den Kommissar nicht mehr hören konnte. Da kamen auch schon die zwei Polizisten auf sie zu. Der ältere, ein schlanker, weißhaariger Mann, fragte: „Haben sie doch noch etwas Auffälliges entdeckt?“
Greta schüttelte abwesend den Kopf und just in diesem Augenblick fiel ihr ein, dass sie später wirklich nochmal kontrollieren sollte, ob alles noch vorhanden war.
„Sagen sie, wie lange brauchen sie hier noch ich bin ziemlich müde und sollte ins Bett.“, wechselte Greta abrupt das Thema, bevor die beiden Beamten herausfinden konnten, dass sie nicht getan hatte, worum der Kommissar sie gebeten hatte.

„Sobald wir mit der Befragung ihrer Haushälterin fertig sind, können sie sich schlafen legen.“, sagte der jüngere der beiden. „Wir werden aber morgen bei Tageslicht nochmal zu ihnen kommen, um sicherzugehen, dass wir bei Nacht auch nichts übersehen haben. Wir sind morgen auch alle ausgeschlafener.“
„Ach ja, und wir werden diese Nacht einen Polizisten draußen aufstellen, falls der Einbrecher so dreist ist und es ein weiteres Mal versucht.“, fügte der ältere Polizist hinzu.
Greta war trotzdem nicht erleichtert und wie der Zufall es wollte, stießen Herr Wenzel und Frau Ziegler zu ihnen.
„Wir sind jetzt fertig, Frau Domnick, bitte seien sie morgen ab 9 Uhr erreichbar.“, wiederholte Herr Wenzel den Wortlaut der anderen beiden Uniformierten.
Greta nickte und meinte: „Darauf wies mich bereits ihr Kollege hin.“
„Prima, dann verabschieden wir uns jetzt von ihnen und sie können sich noch ein paar Stunden schlafen legen.“
Mit diesen Worten stiefelten die drei Polizisten zur Haustür.
Greta blickt ihnen hinterher und gab Elisabeth ein Zeichen, die Türe abzuschließen. Sie hoffte, noch etwas Ruhe zu bekommen, glaubte aber selbst nicht so recht daran. Von tausenden Gedanken gezerrt legte sie sich in ihr frisch bezogenes Bett, den Blick auf die Papiere, die auf ihrem Nachttisch liegen, gerichtet.

August 2018

Am nächsten Morgen wache ich schon früh auf. Der Gedanke an diese seltsame Reaktion meiner Großmutter lässt mich einfach nicht los. Selbst das schöne Date mit Enrique gestern kann den Gedanken daran nicht überdecken. Fieberhaft überlege ich Gründe für ihr Verhalten. Verwirrende Spielchen ihres Alters, Überdosis irgendwelcher Medikamente oder doch einfach wirre Gedanken? Nein! Niemals. Noch nie habe ich sie so erlebt. Ich wische meinen eigentlichen Tagesablauf zur Seite und bin schon halb im Auto auf dem kurzen Weg zu Omas altem Speicher. Wenn sie mir nichts mehr sagen kann, dann vielleicht ihre eingestaubten Erinnerungen auf dem Dachboden ihres alten Hauses, das sie heute an mehrere Familien vermietet.
Dort angekommen rieche ich die leicht muffige Luft, die mir so bekannt ist und mich noch immer an die alten Wohnräume meiner Großmutter erinnert. Tiefe Atemzüge füllen meine Lungen mit der vertrauten Luft und ich gehe neugierig durch den großen, tiefen Raum. Ich beginne den ersten Karton mit der Aufschrift „Grillet, Pierre“ zu öffnen. Mir blicken so viele vertraute Dinge entgegen: Großvaters Pfeife, sein Halstuch und seine alte Geldbörse. So viele Dinge, die einst ihm gehörten und die Großmutter aufbewahrt hatte. Ich durchforste die Kartons, von denen ich mir Erkenntnis erhoffe. Linke Ecke nichts Besonderes: altes Geschirr, Klamotten, Spielzeug oder kleine Möbel. Mitte vorne – nichts. Mitte hinten – nichts. Ja, selbst rechts in der Ecke – nichts. Ich öffne eine Kiste nach der nächsten und suche schon lange nicht mehr nach wirklichen Anhaltspunkten. Ich gebe mich dem Schwelgen in Erinnerungen hin oder versuche mir vorzustellen, wie meine Großeltern mit all dem hier verbunden sind. Dabei

entdecke ich ein altes Faschingskostüm meiner Großmutter. Es ist ein Cowgirlkostüm. Ich muss schmunzeln, wenn ich mir sie in diesem Kostüm vorstelle. Aus dem Regal krame ich die alten Fotoalben und blättere die Seiten auf der Suche nach meiner kostümierten Großmutter durch. Wieder bleibe ich an vielen Seiten kleben. Mittlerweile habe ich es mir schon recht gemütlich gemacht an diesem etwas schummrigen und zum Glück kühlen Ort. Ich sitze mit überkreuzten Beinen auf einem Haufen aus mottenzerfressenen Stoffen, die ich von den kleinen Möbeln abzog. Auf den ausgebleichten Fotos sehe ich meine Großeltern mit meiner Mutter als Kind im Urlaub in Ungarn, vor dem Eifelturm oder im Garten beim Grillen. Immer wieder muss ich lächeln. Sie hatten ein schönes Leben.
Die alten Alben sehe ich mir noch immer gerne an, auch wenn es mich schmerzt, meine Mutter zu sehen. Es tröstet mich, dass sie vor ihrem Tod ein so schönes Leben hatte. Ich beiße mir leicht auf die Unterlippe. Die Bilder, auf denen mein Vater zu sehen ist, überspringe ich meist. Zu sehr baut sich in mir die Wut auf ihn auf. Nach Mamas Tod hatte er schnell wieder eine neue Freundin, mit der ich mich nicht verstand und so war ich dankbar, dass Oma mich zu sich nahm. Damals war ich vierzehn Jahre alt und sie war wirklich die einzige, die mir durch die Trauer helfen konnte.
Als ich schon beim dritten Album bin, das meine Großeltern in ihren 40ern dokumentiert, habe ich wirklich vollkommen die Zeit vergessen und erstarre beim Umblättern der Durchschlagseite. Das kann nicht sein. Ich sehe ein Bild meiner Großmutter im Schlafzimmer meiner Großeltern in einem wunderschönen Abendkleid. Den hohen Spiegel mit der dunklen Holzeinfassung erkenne ich sofort, denn heute habe ich ihn in meinem Zimmer in München hängen. Auch erkenne ich deutlich Omas Schmuckschatulle im Hintergrund, aber etwas ganz anderes lässt

mich zusammenfahren. Dort, an der Wand im Hintergrund, das muss „Eidos“ sein! Man erkennt nur einen kleinen Streifen, doch die rote und die blaue Figur blitzen mir entgegen, sie sind eindeutig aus dem Gemälde. Meine Gedanken beginnen zu sausen. Wie konnte das sein? Sicher ist nun, woher ich das Bild kenne, aber was hat es damit auf sich? Ich beschließe nun nicht in Panik zu verfallen und bündele meine Gedanken und Emotionen zu einer klaren Linie, die ich nun verfolgen muss.
Warte, sage ich zu mir selbst, vor lauter Aufregung habe ich ganz vergessen, Frau Remus Bescheid zu geben wegen meiner jetzt immer länger werdenden Verspätung. Egal. Ich laufe mechanisch zurück zum Auto und fahre in die Sammlung. Ich brauche mehr Informationen, mehr Klarheit.
An der Sammlung angekommen, verlassen ein paar entschuldigende Worte meinen Mund gen Frau Remus, während ich zu meinem täglichen Arbeitsplatz trabe. Ich gehe automatisch an meine gewohnte Arbeit. Akte für Akte. Bild für Bild und Buch für Buch durchforste ich die hier gelagerten Materialien. Ich arbeite kaum wirklich an meiner Doktorarbeit, ich suche vielmehr nach etwas, das mich in dieser Verwirrung weiterbringt. Die Finger tanzen dabei über die Tastatur und füllen die Seiten mit Notizen. So viele wertvolle Artefakte, die ich mir sorgfältig ansehe und analysiere, wie ich es an der Uni erlernt habe. Die große Entdeckung habe ich noch nicht gefunden. Irgendwie bin ich nicht ganz bei der Sache. Ich muss wirklich etwas mehr Ordnung schaffen und die Dateien systematischer anlegen. Doch vorher brauche ich eine Pause, ich muss atmen und etwas neue Energie tanken.
Die Sonnenstrahlen ziehen mich nach draußen und ich laufe durch den schönen Park. Diese Atmosphäre und Ruhe der Natur tun mir gut. Eine Welt abseits und abgeschottet vor all dem Trubel, der mich in München immer

verfolgt und der mich nun auch hier bedroht. Der Duft des frisch gemähten Rasens zieht ein in meine Nase und das leise Summen der Bienen wirkt fast meditativ auf mich. Pfeifend laufe ich weiter und bleibe ab und zu vor einer der Skulpturen stehen. Ich liebe es, mir Geschichten um diese Bildnisse zu erfinden, den Formen mit den Augen zu folgen und sie in Gedanken nachzuzeichnen. Manche sind rund und bewegen sich unendlich in meinem Kopf und andere sind eckig und wirken aggressiv auf mich. Jede Skulptur hat ihren Wirkungsraum und erstaunt mich – jede auf ihre Weise. Sie berauben sich keiner Aufmerksamkeit und durchschlagen doch die Natürlichkeit, ohne jedoch vollkommen fehl zu wirken. Manchmal wünsche ich mir, ich wäre wie sie. Eine in Form gegossene Metallfigur, errichtet in der Natur. Wunderschön, ewig, atemberaubend.

Als ich mich an meinem Lieblingsplatz, ach nein, einem meiner Lieblingsplätze angekommen bin, lasse ich mich ins Gras fallen, schließe die Augen und lausche tiefer dem Summen der Bienen und dem Brummen der Hummeln. Sofort denke ich an ihn, an Enrique. So ein wundervoller Franzose… und auch noch so nett… seine faszinierenden grünen Augen. Die verspielten Märchenlocken und der charmante Blick. Er sieht einfach unglaublich aus! Ich höre seine Stimme in meinem Kopf, ganz leise und liebevoll ruft er mich: „Ma chérie“. Es klingt einfach bezaubernd. Ich freue mich schon, ihn wiederzusehen, dann wird er mir sagen, was letztes Mal geschah, dass er so plötzlich gehen musste. Langsam schweife ich ab in einen kleinen Mittagsschlaf im Grünen.

Plötzlich höre ich eine Stimme direkt neben mir: „Drinnen wären noch ein paar Akten, die ihnen vielleicht helfen könnten.“ Frau Remus klang wie immer sehr freundlich.

„Oh, danke“, sage ich noch etwas benommen und rappele mich auf, um wieder so schnell wie möglich auf den Beinen zu stehen. „Ich wollte eh gleich wieder weitermachen mit der Arbeit.“, sage ich eilig. Mann, war das peinlich. Ich laufe zügig wieder zurück an meinen Tisch und beginne schon halb im Stehen, die sorgfältig aufgestapelten Akten durchzusehen. Manche Blätter lösen sich aus dem Stapel und fallen mit einem winzigen Luftzug auf den davor so ordentlichen Boden. Nur mit halbem Auge sehe ich dies und schiebe sie mit ein paar sortierenden Handbewegungen wieder zusammen. Schnell hebe ich den Stapel stöhnend auf und lege ihn mit noch ein paar herumfahrenden Blättern unter die restlichen Papiere, die noch zu sortieren und zu betrachten sind.
Nach einer weiteren unendlich scheinenden Stunde bin ich mit den Gedanken schon wieder nicht präsent bei meiner Arbeit. Ich träume mich ans Neckarufer zurück. An den Ort, an dem Enrique mich geküsst hat. Ich rieche seinen maskulinen Duft, spüre seine starken Arme mich an sich ziehen und meine, sein Lächeln mit den strahlenden Augen und den bezwingenden Grübchen vor mir zu sehen. Ich bin schon fast ganz in dieses Bild versunken, als mir ein loses altes Blatt ins Auge sticht, das ich vorhin nicht ordentlich in den Stapel gefügt hatte. Wie von diesem Zettel angezogen, beginne ich ihn zu lesen. Es sind viele Namen darauf, die sichtlich aufgelistet sind.
„Sieht aus wie eine Gästeliste.“, murmele ich vor mich hin. Es ist tatsächlich eine Gästeliste, die mit handgeschriebenen Notizen versehen ist. Einige Namen sind eingekringelt, andere mit einem Fragezeichen versehen oder durchgestrichen. Ganz unten befinden sich die mir mittlerweile gut bekannten Unterschriften von Ottomar und Greta. Nach der Schrift zu urteilen, stammen die Notizen von Greta Domnick, der Hausherrin. Sie sind mit Bleistift verzeichnet und an einigen Stellen scheint auch, radiert

worden zu sein. Ich überfliege die Liste. So viele Namen, die mir bereits in den letzten Akten begegnet sind. Nach dem zehnten Namen höre ich auf zu lesen. Was sollte mir diese Liste nutzen?
Ich beschließe, dass ich für heute genug getan hatte. Ich will zurück in meine Pension und morgen nochmals nach Stuttgart, um nach meiner Großmutter zu sehen und vielleicht doch noch etwas zu „Eidos“ herauszufinden. Ich hoffe so, dass sie sich wieder beruhigt hat. Das Ordnen der Notizen kann ich auch noch in der Pension machen. Mit wenigen Handgriffen habe ich meine Sachen in der Tasche verstaut. An Frau Remus richte ich ein paar verabschiedende Worte und steige in mein kleines Auto. Den Rückwärtsgang lege ich zum Ausparken ein und seufze. Ich überlege, was Enrique gerade macht. Er hat sich noch nicht gemeldet. Hoffentlich geht es ihm gut.

Am nächsten Morgen um neun Uhr setze ich mich, glücklich gefüllt vom umfangreichen Frühstück, wieder in mein Auto. Als ich nach fast einer Stunde, da auf der B10 wieder einmal Stau war, an Omas Bett stehe, sieht sie deutlich besser aus. Sie lächelt mich an, es muss ein guter Tag sein.
„Und? Wie geht es dir?“, frage ich sie.
„Jaja. So wie immer. Ich bin eben alt, meine Kleine.“, antwortet sie mir schmunzelnd. Nach einer Unterhaltung über das Essen, das Wetter und dem Schwelgen in einigen gemeinsamen Erinnerungen, erzähle ich ihr vom gestrigen Tag und von meiner Doktorarbeit. Ich bin so glücklich über ihre so gute Verfassung, dass ich sogar auf Details eingehe und ihr von dem wenig ergiebigen Ergebnissen meiner Arbeit erzähle. Ich berichte ihr sogar von den handschriftlichen Notizen Gretas auf der Gästeliste ihrer Einweihungsfeier und wie diese Blätter durch den Raum segelten. Ihr Blick wendet sich plötzlich ab. Sie weicht

mir vollkommen aus. Und beinahe bösartig fragt sie: „Bist du deswegen hier? Ich dachte, du wolltest mich besuchen!“
Ich schaue sie schockiert an. Was meinte sie? Was war nur los mit ihr?
„Willst du deinen Großvater in Verruf bringen? Kind, warum lässt du die alten Dinge nicht ruhen? Lass sie ruhen! Ich weiß gar nicht, was du meinst, wer du bist!“
So hatte ich sie noch nie erlebt. Warum wühlte sie das jetzt schon wieder auf? Ich wagte noch einen Vorstoß: „Oma, was sollte ich wissen?“
„Gar nichts. Lass es ruhen. Lass das Ganze in Nürtingen ruhen.“ Jetzt blickt sie mir ganz klar ins Gesicht. Sie ist gegenwärtig. Ihr Blick fixiert mich und scheint, die Worte in meinen Kopf ritzen zu wollen. Ich weiß noch nicht genau, wovon sie spricht, aber mein Gefühl sagt mir, dass in unserer Familie offensichtlich nicht alles so wunderbar ist, wie man mich glauben machte.
„Und bleib vom Speicher fern. Ich mag das nicht, wenn du meine Ordnung zerstörst. Es sind meine Sachen. Ich durchwühle ja auch nicht deine Wohnung.“ Sie blickt an die Wand, an der ein Bild meines Großvaters hängt, und seufzt laut. „Ich bin müde, Kleine, ich lege mich hin. Komm doch bald wieder und bring mir ordentliche Frischblumen mit, ja, und vielleicht etwas zum Vorlesen?“
Ich getraue mich nun nicht mehr, das Bild von ihr im Schlafzimmer zu erwähnen. So werde ich also von ihr rauskomplementiert. Doch dieser Besuch beruhigt mich nicht. Viel zu schnell fahre ich zur Sammlung und muss vor jedem Blitzer hart abbremsen. Ich muss die Akten nochmals ansehen. Was will Oma vertuschen? Will sie wirklich etwas vertuschen? Was ist nur los? Was hat das Foto damit zu tun?

Ich rase den schmalen Weg entlang und der Schotter staubt noch, als ich den Parkplatz Richtung Sammlung stolpernd verlasse. Ich hetze zu meinem Platz. Die Akten, wo sind die Akten? Ich hatte sie zu den anderen gelegt. Diese fliegen mit einem dumpfen Knall auf den Boden. Da ist die Akte, die meine Großmutter so aus der Haut fahren ließ, wie ich es nur einmal erlebt hatte, als ich mit meinen Freundinnen auf ihrem frisch bezogenen Bett hüpfte. Damals war ich vielleicht fünf Jahre alt. Ich hielt die Akte und zwang mich zum Sitzen. Sollte ich sie öffnen oder auf Oma hören? Ich kann nicht anders, das kommt mir zu spanisch vor! Zwischen zwei Atemzügen schlage ich die Mappe auf, hole die Gästeliste heraus und studiere diese. Einige Namen sind nur noch schwer zu erkennen, da sie durchgestrichen wurden. Und da, beinahe am untersten Ende, sehe ich, warum Oma hysterisch wurde. Pierre Grillet. Nein, nicht nur einfach Pierre Grillet, sondern Pierre Grillet und ein Fragezeichen! Opa! Was bedeutete das? Warum brachte es Oma so auf? Was hatte Opa mit den Domnicks zu tun? Warum weiß ich von nichts?
Die Akte verschwindet in meiner Tasche. Jetzt bin ich vollkommen aufgewühlt. Ich durchforste auch die restlichen Papiere. Der Mann auf dem Foto erinnerte mich nicht einfach nur an meinen Großvater, es ist mein Großvater! Jetzt erkenne ich es deutlich! Ja, auch auf drei weiteren Bildern ist seine Statur deutlich zu erkennen. Mir brummt der Kopf.
Frau Remus weise ich mit klaren Worten ab, als sie mich nach einem Kaffee fragt. Ein Gedanke heftet sich an den nächsten. Und als das Netz in meinem Kopf Gestalt annimmt, sinke ich wie angeschossen auf den dunklen Stuhl zurück. Aber was hatte jetzt das Bild damit zu tun? Ich reibe mir fest meine Augen und ich male mir verschiedene Szenarien im Kopf aus.

„Stopp!", versuche ich, meine wirren Gedanken wieder einigermaßen zu ordnen. Das Bild. „Eidos". Ich kenne es. Ich kenne es und Opa kannte es und Oma sowieso. Es ist nicht nur ein Ausschnitt meiner Großmutter am Kühlschrank gewesen. Eidos hing in ihrem Schlafzimmer in echt! Ja, jetzt bin ich mir sicher. Das war „Eidos". Mir wird langsam klar, warum wir nie ins Schlafzimmer durften. Deswegen kam es mir so bekannt vor, deswegen zog es mich an. Ich renne zum Bild hier in der Sammlung.
Ich betrachte es nicht, ich starre es förmlich an. Ich starre es an, denn für das Verhalten meiner Oma kann ich mir nur wenige Gründe denken und die meisten widerstreben mir. Ich gehe darauf zu und schau mir jede Faser an, jeden Strich. Ich hole mir Bücher aus dem Archiv. Ich halte die Abbildungen dagegen und wieder starre ich. Ich trete drei Schritte zurück und starre und ich trete ebenso viele nach vorne, nach rechts und auch nach links. Nein, nein, ich kann nichts entdecken. Und trotzdem, meinen Verdacht muss ich letztendlich zu hundert Prozent geprüft haben. Ich muss mit jemandem reden, dem ich vertraue, der sich mit Kunst auskennt, aber nicht mit Frau Remus. Sie könnte mich sonst entweder als nicht ernstzunehmende Irre oder als Enkeltochter eines Kunstdiebes abstempeln. Ich muss mit Enrique sprechen. Ich muss ihm sagen, dass mein Großvater wahrscheinlich ein Kunstfälscher war. Ein Kunstfälscher oder ein Dieb? Ich hoffe, dass ich falsch liege, aber das macht einzig Sinn. Das gibt allem einen Sinn. Ich fühle, dass der Schweiß von meinem Arm langsam zu meinen Händen fließt.
Ich weiß, woran es liegt, es liegt an dieser unfassbaren noch vagen Erkenntnis, sie verursacht dieses Gefühl von Angst in mir, weil ich nicht weiß, was ich jetzt tun kann, nachdem ich die Spur zu einem Geheimnis gefunden habe. Es kann aber auch das Gefühl von Wut sein, dass

ich in mir spüre, weil ich es nicht fasse, wie meine Großeltern mich anlügen konnten. Jedoch ist das nicht das einzige Problem, mit dem ich mich vertraut machen muss, denn, wie soll ich mit dem Geheimnis jetzt umgehen? Kann ich es wirklich Enrique anvertrauen? Noch kann ich zurück. Ich kann jetzt einfach alles einpacken und hier wegfahren. Zurück nach München, zurück an die Uni. Die Doktorarbeit bekomme ich auch mit den gesammelten Notizen hin. Ich könnte jetzt einfach gehen. Ich gehe. Ich packe meine Sachen. Ich getraue mich nicht, mich an Frau Remus zu wenden. Ich schreibe ihr nachher eine Mail – ich bin krank, Magendarm oder sowas. Ich brauche Zeit, ich brauche Ordnung, ich brauche eine Richtung.
Die Fahrt zur Pension bin ich vollkommen abwesend. Ich habe sicher eben den Porsche geschnitten. Doch das erinnert mich nur noch mehr an die Domnicks und die dunkle Wolke, die über unserer Familie liegt, wie ich vermute. Welche Farbe hatte die Ampel gerade? Ich möchte mich verkriechen, um dieses ungelüftete Geheimnis und den Trubel damit zu vermeiden. Meine Großeltern? Meine Oma, mein Opa? Was war geschehen?
Als ich in meinem Zimmer ankomme, liegt dieses da, wie ich es am Morgen verlassen hatte. In diesem Moment scheint es mir so, dass alles hier ein Traum ist und dass es keine Verwicklungen gibt oder Enrique. Zwei Sekunden später vibriert mein Handy und ich habe eine Nachricht von Enrique bekommen, endlich. Da nehme ich wahr, dass es leider kein Traum ist, sondern die reine Realität, der ich ins Auge blicken muss. Ich möchte das alles verdrängen, ich möchte meine Notizen ordnen und ich möchte, dass einfach nichts passiert ist. Ich greife zu den Kleidern, die wild über einen Stuhl gehängt sind, und lege sie fein säuberlich zusammen.

Ich räume das ganze Zimmer auf, da ich hoffe, dass mich mein sonst nie hervortretender Putzfimmel alles vergessen lässt und ich mir vorspielen kann, es wäre alles wie zuvor. In diesem Moment realisiere ich, dass ich mich unbewusst von Enrique entferne. Ich rede nicht mit ihm, ich habe nicht einmal die Nachricht gelesen. Ich verkrafte nicht noch eine eventuell problematische Botschaft. Mein Gewissen sagt mir, dass ich ihn nicht anlügen soll, aber wie soll ich ihm sagen, dass mein Opa wahrscheinlich etwas Schlimmes getan hat? Denn ich ahne, was er mir vorhin schrieb. Bestimmt wollte er wissen, wie es mir und wie es meiner Großmutter geht. Ich hatte ihm selbst von meinem letzten Besuch erzählt. Zum einen finde ich es unglaublich fürsorglich, dass Enrique sich um meine Oma sorgt, aber zum anderen fühle ich mich schlecht, denn ich müsste lügen, wenn ich meine Familie nicht bloßstellen möchte. Ich bin nämlich nicht sicher, ob ich ihm die Wahrheit sagen soll oder nicht.
Bei all den Gedanken, die sin in meinem Kopf so klar zusammenfügen, muss ich mir eingestehen, dass ich keine wirklichen Beweise für meine Vermutungen habe. Ich habe mich reingesteigert, ich weiß nichts sicher! Vielleicht hatte Opa eine Kopie in seinem Schlafzimmer hängen, vielleicht war es ganz anders? Es ist nicht sicher, ob das Bild, das in der Sammlung hängt eine Fälschung ist oder doch das Original. Es kann doch sein, dass meine Oma sich einfach nicht mehr so gut daran erinnern kann und sich etwas einbildet. Ich bin gerade so glücklich, denn es kann sein, dass mein Opa kein Dieb ist und dass das richtige Bild dort noch hängt. Ich atme einmal durch. Wieder habe ich übertrieben, typisch.
Jetzt kann ich Enrique die Wahrheit sagen und auch, warum ich wirklich bei meiner Oma war und warum ich erneut hinfuhr. Als ich ihn anrufen will, sehe ich, dass er

mich just in diesem Augenblick anruft und nehme den Anruf sofort an. Er fragt mich, ob es mir gut gehe. Ich antworte ihm, dass ich nicht wisse, wo mir der Kopf stehe und auch, dass ich zwar durcheinander sei, aber langsam wieder zu mir finde. Enrique reagiert so verständnisvoll darauf und meint, dass er mich sofort sehen und bei mir sein möchte. So etwas habe ich noch nie gehört und antworte ihm, indem ich vorschlage, uns gleich in Nürtingen zu treffen. Er meint im Lazza Eiscafé, aber ich weiß, dass ein Café nicht der richtige Ort ist, mit ihm über all das zu reden, das mich innerlich zerreißt, all das, was ich erfahren habe und was ich davon denke. Ich schlage daraufhin vor, dass wir uns unter der Neckarbrücke nahe des chinesischen Restaurants treffen, damit wir ganz allein reden können. Er findet es sehr seltsam, dass ich mich mit ihm nicht im Café treffen möchte, aber weil er sich um mich sorgt, ist er damit einverstanden. Wir einigen uns darauf, uns in einer halben Stunde dort zu treffen.
Zur vereinbarten Zeit stehe ich an meinen Nägeln kauend unter der Neckarbrücke und warte auf ihn. Als er endlich kommt, laufe ich ihm entgegen und umarme ihn. Ich weiß nicht, warum ich das tue, aber es tut sehr gut, seine Arme schützend um mich gelegt zu spüren. Leise flüstert er: „Ma chérie, wo ist dein Lächeln hin? Was ist nur los?“
Ich löse mich von ihm, in die Augen kann ich ihm noch nicht blicken. An der Hand führe ich ihn zu einer Bank. Das Getöse des Wassers, welches das Wehr hinunterfällt, übertönt das Wummern meines Herzens. Und wie dieses Wasser fließt, so fließen nun meine Worte aus mir heraus. Ich erzähle ihm alles, alles was ich weiß, alles, was ich glaube zu wissen. Ich rede nicht laut. Ich getraue mich nicht. Er erstarrt kurz und sagt mir, dass ich langsamer reden solle, denn er hat anscheinend nichts verstanden, weil ich aufgeregt bin und wenn ich aufgeregt bin, rede ich

ziemlich schnell. Er beruhigt mich und fordert mich auf, alles nochmal mit ruhiger Stimme zu erzählen.
Nachdem ich es ihm so klar wie möglich erzählt habe, wie ich herausfand, dass meine Familie die Kunst nicht achtete, wahrscheinlich sogar Lügner und Diebe in meiner Familie sind, ist er für einen Moment ruhig und ich weiß nicht, was ich ihm jetzt sagen soll. Dann fragt er mich mit fester Stimme, was wir jetzt tun sollten. Ich schüttle den Kopf. Ich höre gar nicht mehr auf. Ich dachte, es ihm zu erzählen würde mich freier machen, aber ich schäme mich so. Tränen quellen in meinen Augen. Ich schüttle den Kopf. Ich schüttle ihn, um Enrique die Tränen nicht zu zeigen, um all das wegzuschütteln, was eben meinen Mund verlassen hatte. Er nimmt meinen Kopf in seine Hände, drückt seine Stirn an die meine und sieht mir tief in die Augen. „Ma chérie, wir schaffen das. Wir klären das auf und du wirst sehen, es ist alles anders! Beruhige dich!" Ich entgegne ihm, dass ich nicht weiß, was ich tun soll oder was er tun könnte.
Enrique greift trotzdem nach meiner Hand und hält mich. Mit klaren Worten weist er mir den Weg. „Ma chérie, wir werden es der Dame in der Sammlung sagen müssen. Sie muss das erfahren und dann können wir das Gemälde genauer betrachten. Ich kenne mich recht gut mit Fälschungen aus. Ich habe schon einige in der Hand gehabt, als ich sie restaurieren sollte. Wir werden alles untersuchen und dann entsprechend handeln. Lass uns jetzt erst klären, ob es überhaupt einen Raub oder ähnliches gab!" Sein Blick ist ernst und fokussiert.
Ich stimme ihm zu. Ich muss ihm Recht geben. Jetzt muss ich einen kühlen Kopf bewahren und einen Schritt nach dem anderen gehen. Seine rationale Haltung holt mich von meinen Gespinsten zurück. Es gilt diese Vermutungen zu untersuchen. Diese klaren Worte Enriques beruhigen mich und ein kleiner Teil freut sich sogar darüber,

dass er mir so beisteht. Wir machen uns auf den Weg zur Sammlung. Auf dem Weg dorthin lenkt mich Enrique etwas ab. Er erzählt mir von seiner Arbeit und ich sehe, welche Leidenschaft er dabei empfindet. Seine Worte geben mir etwas Sicherheit. Ich habe mich den richtigen anvertraut. Er wird mir helfen.
Als wir in der Sammlung ankommen, will ich nicht reingehen, weil ich mich nicht getraue, da ich vielleicht jetzt die Wahrheit herausfinden könnte und alle anderen auch. Enrique hält meine Hand fest und zieht mich ins Museum. Sein fester Griff gibt mir den nötigen Halt. Er baut sich wie ein Schutzschild auf. Mit ihm kann ich mich Frau Remus anvertrauen.
Als wir eintreten, sehen wir schon Frau Remus, die mit verwirrtem Blick auf uns zu huscht, und vereinzelte Besucher. Ich weiß nicht, ob sie uns so ansieht, weil er meine Hand hält oder weil ich all meine Sachen mitgenommen hatte und einen leeren Platz hinterließ. Enrique fragt sie, ob wir kurz mit ihr reden dürfen. Obwohl ihr Blick noch Verwirrung trägt, stimmt sie sehr freundlich zu. Sie uns fragt, was wir ihr reden möchten. Ich zögere und weiß nicht, wie ich anfangen soll. Als ich Enrique in die Augen sehe, weiß er, dass ich keinen Ton herausbringe und schon gar keinen ganzen sinnvollen Satz. Enrique fragt sie, ob wir uns einmal „Eidos" ansehen dürften. Sie schaut uns durchdringend an. Ich merke, wie Enrique versucht, eine plausible Erklärung zu finden, warum er das gefragt hat, und sage kurz und knapp und viel zu laut, während Enrique redet, dass „Eidos" wahrscheinlich eine Fälschung ist.
Frau Remus steht da. Einfach nur da und verliert ihre Farbe. Blass steht sie da, die Augen weiten sich und dann beginnt sie, nervös zu blinzeln. Sie ist empört, dies zu hören, und will sofort von uns wissen, wie wir auf so eine

Behauptung kommen. Wir erzählen ihr die ganze Geschichte. Sie nickt meist verständnisvoll, dann schüttelt sie den Kopf und beginnt wieder zu blinzeln. Als ich alles rausgelassen habe, sagt sie nichts. Sie dreht sich auf den Absätzen und bittet auf einmal alle Besucher des Museums, dieses sofort zu verlassen. Sie schließt die Tür und schaut nochmals in alle Winkel. Erst als sie sich sicher ist, dass wir vollkommen allein sind, wendet sie sich wieder an uns. Kalt sagt sie zu Enrique: „Kommen sie. Wir schauen uns das an. Sie sind ja Restaurator und müssen sich damit auskennen."
Ein mitleidiger Blick trifft mich: „Setzen sie sich jetzt hin. Wir rufen sie, wenn sie uns helfen können."
Mit starrer Miene und zackigem Schritt laufen die beiden zu „Eidos". Ich kann sehen, wie Enrique das Bild abnimmt und Frau Remus eine Lupe holt. Beide betrachten das Werk und wechseln nur wenige Worte. Beide nicken und beide schütteln von Zeit zu Zeit den Kopf. Enrique sieht manchmal zu mir und zwinkert mir zu. Ich zwinge mich dann zu lächeln. Nach einer gefühlten Ewigkeit kommen die beiden auf mich zu. Er könne nichts ausschließen. Er müsse ein paar Proben nehmen und die chemische Zusammensetzung der Farben prüfen, nochmals ein paar Dinge nachlesen und ein paar Kollegen anrufen. Wie in einem Nebel nehme ich wahr, dass Frau Remus und er sich für den nächsten Tag verabreden. Dann zieht Enrique mich wieder nach draußen. Ich schaue in die Bäume hinauf und Enrique führt mich. Wir sprechen lange nichts. Dann fragt er in dieses nichts hinein: „Kannst du dir vorstellen, wo das Gemälde deines Großvaters sein könnte?"
Ich blicke ihn an. „Wenn es nicht verkauft wurde, dann gibt es wenig Möglichkeiten."

Er nickt. „Ich werde morgen ein paar Proben nehmen, die Ergebnisse kann ich erst in ein bis zwei Wochen liefern. Versprich mir, dass du dich nicht zu sehr reinsteigerst. Ruf mich an, wenn etwas ist."

Er fährt mich zu meiner Pension. Mit einer herzlichen Umarmung verabschiedet er sich. Es fühlt sich anders an als zuvor, ich empfinde etwas, das zwischen uns steht. Ich gehe auf mein Zimmer. Mein Kopf ist so voll, dass sich darin nichts bewegen kann. Ich falle auf mein Bett und richte den Blick an die Decke. Alles wird sich lösen.

Mai 1947

Meine geliebte Agnes,
als ich Dich heute am Marktplatz erblickte, verschlug es mir die Sprache. Lang ist es her, dass ich Dich zuletzt sah, als ich Dich zuletzt in meinen Armen hielt. Der Krieg hat Dich verändert. Du sahst anders aus, weiblicher, aber Du warst immer noch meine Agnes. Du hattest immer noch Deine rosigen Wangen, Deine strahlend blauen Augen und Dein bildhübsches Lächeln. Deine blondbraunen Haare hattest Du zu einem festen Dutt nach oben gesteckt und Deine Lippen waren genauso rot und süß wie die Kirschen des Kirschbaums unter dem wir uns damals neckten. Du trugst ein dunkelblaues Kleid mit gelben Blumen. Es reichte bis zu Deinen Knien, sodass Deine wunderschönen langen Beine zur Geltung kamen. Ich hatte mich zwar nicht getraut, Dich anzusprechen, aber als ich Dich erblickte, wurde mir klar, dass es ein Fehler gewesen war, auseinanderzugehen, da ich mich nach der tiefen Vertrautheit und innigen Leidenschaft, die einst zwischen uns herrschten, sehnte und sehne. Ich schreibe Dir diesen Brief in der Hoffnung, dass Du mir zurückschreibst.
Dein W. B.

Lieber Willi,
es hat mich sehr gefreut, Deinen Brief in den Händen zu halten, da ich mir in letzter Zeit Gedanken um Dich gemacht habe und Deine schönen Worte trugen mir ein Lächeln auf die Lippen. Wie geht es Dir denn inzwischen? Bist Du vielleicht sogar verheiratet? Es ist bestimmt sehr viel in unserer beider Leben passiert, seit wir uns das letzte Mal sahen. Es würde mich sehr glücklich machen, wenn Du mir schriebest, wie es Dir ergangen ist. Ich heiße nun Hübner, da ich verheiratet bin, und mein Mann ist eine wirklich nette Person. Ich bin sehr glücklich, mit ihm verheiratet zu sein. Weißt du, was ich mich in letzter Zeit fragte? Wie es wohl wäre, mit Dir verheiratet zu sein, wenn uns das Schicksal nicht auseinandergetrieben hätte? Wir wären bestimmt sehr glücklich miteinander geworden. Oder hätten wir uns ins Verderben gestürzt? Ich hoffe, Dich kränkt es nicht, dass ich Dir nie schrieb, aber ich konnte einfach nicht – zu sehr war ich verletzt. Nun, nachdem viele Jahre seit unserer Trennung vergangen sind und ich eine neue Liebe finden durfte, fällt es mir endlich leichter in Erinnerungen an Dich zu schwelgen.
Voller Vorfreude auf deine Antwort,
A. H.

Liebe Agnes,
wie sehr erfreut es mein Herz, Deine Antwort zu erhalten. Es vergeht kein Tag mehr, an dem ich nicht an Dich denke. Ob ich verheiratet bin, fragst Du? Ja, das bin ich tatsächlich. Ich habe 1926 geheiratet. Margarete ist ihr Name. Sie ist ebenso Malerin wie ich. Wir haben zwei Töchter zusammen, Krista und Felicitas. Wie es wäre, mit Dir verheiratet zu sein? Das fragte ich mich auch schon unzählige Male. Beinahe wärst Du meine Frau geworden, wenn das Schicksal nicht eingegriffen hätte. Aber das spielt nun keine Rolle mehr, endlich habe ich Dich wiedergesehen. Auch, wenn wir jetzt beide verheiratet sind, ist mein Liebe zu Dir genau so stark wie damals. Wie es wohl wäre, Dich ein weiteres Mal zu sehen? Ob Du immer noch Deine süße sanfte Stimme hast? Das frage ich mich. Es mag vielleicht sonderlich klingen, aber möglicherweise würdest Du Gefallen daran finden, Dich mit mir zu einem Kännchen Kaffee zu treffen.
Dein W. B.

Lieber Willi,
wie schön es doch war, Deine Antwort auf meinen Brief zu erhalten. Wie glücklich es mich macht, dass auch Du eine nette Person in Deinem Leben hast. Es freut mich sehr zu hören, dass es Dir gut ergangen ist seit unserem letzten Sehen. Auch ich habe eine Tochter, Angelika, und einen Sohn namens Ludwig. Ich nehme mit sehr großer Freude Deinen Vorschlag für das Treffen an und würde Dich gerne am kommenden Samstag gegen 12 Uhr vor der Markthalle in Stuttgart treffen. Es gibt bestimmt vieles, was wir einander zu berichten haben. Dort trafen wir uns doch früher schon.
Ich freue mich auf das Treffen,
Deine A. H.

Liebste Agnes,
Dich wiederzusehen und mit Dir zu reden, ließ mich große Freude empfinden. Es versetzte mich erneut in alte Zeiten, nur dass ich dieses Mal unsere tiefe Verbindung förmlich spüren konnte. Ich fühlte, wie sehr ich Dich vermisst hatte. Ich wünsche mir nichts sehnlicher, als wieder mit Dir vereint zu sein, dass es wieder so wäre wie früher. So sage mir doch, wie es dir ergeht.
Dein W. B.
~

Lieber Willi,
ich fühle mich so sehr geschmeichelt von Deinen Worten in Deinem letzten Brief. Die Vorstellung eines erneuten Treffens mit Dir beunruhigt mich und erfreut mich zugleich. Das Treffen mit Dir brachte erneut so viele Gefühle in mir hervor, die ich lange Zeit versucht hatte zu unterdrücken. Du bist noch genauso gutaussehend, wie Du es früher schon warst. Dich dastehen und auf mich warten zu sehen, erinnerte mich daran, wie Du schon früher immer auf mich gewartet hast – mit diesem Blick, als wäre ich die schönste und einzige Frau im Universum. Und wie früher wurden meine Knie so weich. Nur Du schaffst es, mir dieses Gefühl zu vermitteln. Jedoch beunruhigt mich der Gedanke an meinen Mann sehr. Ich möchte ihn nicht hintergehen, er war und ist zu gut zu mir und fing mich damals auf, als Du mich fallen ließest. Diese Leidenschaft, die ich für dich empfand und empfinde, habe ich nie mit ihm erlebt. Ich bin sehr unsicher, ob ich Dich erneut treffen möchte. Bitte gestehe mir etwas Bedenkzeit zu.
In tiefsten Gedanken bei Dir,
Deine A. H.

Allerliebste Agnes,
Dich wieder in meinem Leben zu haben, ist ein wohliges Gefühl. Die Zuneigung und Offenheit, die zwischen uns herrscht, ist stärker als je zuvor. Wenn wir zusammen sind, genieße ich jeden einzelnen Augenblick mit Dir, und wenn Du mich anlächelst, dann gibst Du mir ein Gefühl von Wärme und Geborgenheit. Ich möchte, dass Du weißt, dass Du mein Leben durch Deine Präsenz Tag für Tag lebenswerter machst und dass meine Zuneigung und mein Empfinden für dich von Mal zu Mal stärker werden.
Ich wünsche mir, dass die Zeit, die wir miteinander verbringen, niemals enden möge. Ich frage mich immer wieder, was wäre gewesen, wenn wir geheiratet hätten. Habe ich einen Fehler begangen? Die Antwort auf diese Frage nicht zu wissen, zerreißt mich innerlich so sehr, dass ich von einer Klippe springen möchte.
Weißt Du noch, wie ich Dich früher genannt habe? Oh, Spätzle, was ist nur aus uns geworden oder was hätte aus uns werden können? Du bist das Einzige, was mir zurzeit ein Lächeln ins Gesicht zaubern kann. Warum wollte das Schicksal es nur so? Ich bitte Dich, bedenke Deine Entscheidung gut. Ich möchte Dich nicht missen, denn mit niemandem kann ich so offen sprechen wie mit Dir. Du bist mein lebendes Tagebuch und ich habe keine Angst, Dir ganz mein Leben anzuvertrauen.

Dein W. B.

Mein lieber Willi,
wie schwer es mir doch fällt, diesen Brief zu verfassen und auch abzuschicken. Und es schmerzt mich auch, mir vorzustellen, wie Du ihn liest. Die Worte Deines letzten Briefes, sie brachten meine Gedanken zum Rasen und fügten mir die größten Schmerzen zu. Meine Gefühle zu Dir überragen alles, was ich jemals in meinem Leben empfand. Bei Dir kann ich, ich selbst sein, die, die ich einmal wirklich war, bevor Du mich einfach zurückließest. Du kannst Dir nicht vorstellen, was dies für mich bedeutete. Bei Dir kann ich alles vergessen, vielleicht vergesse ich zu viel!

Und trotzdem muss ich dir schweren Herzens sagen, dass ich Dich nicht mehr sehen kann und Dir nicht mehr schreiben werde. Nicht weil ich will, sondern weil es meine Pflicht ist. Einer von uns muss es tun. Du weißt, dass wir niemals wie ein richtiges Ehepaar leben könnten – zu viel ist geschehen. Du weißt leider nicht alles über mich und zu viel ist in mir zerbrochen, als dass ich es mit Dir noch teilen könnte. Ich wünschte wirklich sehr, dass wir in einer anderen Zeit lebten, wo eine Beziehung zwischen uns beiden angemessen wäre. Ich liebe Dich so sehr, dass ich mir jedes Mal, wenn ich meinen Mann bei seinem Namen nenne, auf die Zunge beißen muss, um ihn nicht Willi zu nennen. Und dieses Wissen, dieses Geheimnis, frisst mich auf. So etwas hat mein Mann nicht verdient und Deine Frau auch nicht. Wir würden sie hintergehen. Mein Mann ist ein so guter Mensch und er nahm so vieles auf sich, als er mich heiratete und mich schützte vor den Blicken und den Anfeindungen. Du weißt gar nicht, wie sehr er mich rettete, als Du plötzlich weg warst und ich irrend und Dich suchend in den Straßen umherschwankte. Er rettete mein Leben, mein Ansehen, mein ganzes Ich. Dies wird mein letzter Brief an Dich sein. Versprich mir, dass Du mich niemals vergessen wirst, und denke immer

daran, dass es mir solche Tränen in die Augen treibt, diese Worte zu schreiben.
Ich liebte Dich, mein Willi,

Deine A. H.

September 2018

Ungeduldig laufe ich auf und ab. Er wollte schon lange hier sein. Die Sonne geht schon langsam hinter den Bäumen, die den Garten der Sammlung umgeben, unter und allmählich werde ich nervös.
Hat er die Verabredung vergessen? Ich schaue auf die Uhr. Es ist 20 nach sieben. Er wollte um sieben hier sein. Ärgerlich krame ich in meiner Handtasche nach meinem Handy. Zwischen den ganzen Schlüsseln und Notizen ertasten meine Finger schließlich das schon etwas abgenutzte alte Smartphone. Keine Anrufe oder Nachrichten. Ich seufze. Die letzte Nacht hat mir gut getan. Ich habe zu mir gefunden und mir vorgenommen, dass ich dieses Rätsel lösen muss, damit es mich ganz loslassen kann. Ich bin so weit gekommen mit meinen Nachforschungen und will nun endlich die ganze Geschichte kennen: Wie das Bild in den Besitz meiner Familie kommen konnte und warum meine Großmutter nicht darüber reden will. Irgendwas stimmt mit diesem Gemälde nicht, und ich werde herausfinden, was es ist, mit oder ohne seine Hilfe.
Ich drehe mich zu dem massiven Eingangstor, das in die Hecke eingelassen ist, und stecke meinen Schlüssel ins Schloss. Innerhalb der letzten Tage ist die Sammlung wie zu einem zweiten Zuhause für mich geworden. Frau Remus hat mich wirklich immer gut umsorgt und mir alle Zugänge ermöglicht. Ich fühle mich wohl hier in dieser Idylle und mit all den Informationen, die ich hier finden konnte und kann, wird meine Doktorarbeit sicher gut. Das Schloss klemmt wie immer ein bisschen, doch nach kurzer Zeit springt das Tor mit einem leisen Quietschen auf. Ich beschleunige meine Schritte, da ich schon mehr als genug Zeit mit Warten verschwendet habe, und eile auf das flache Gebäude zu. Der Steinweg, der sich durch den

ganzen, frisch gestutzten Garten der Sammlung schlängelt, ist noch immer feucht von dem Gewitter heute Mittag und am Wegrand sind noch seichte Pfützen, in denen sich das Geäst der Bäume und auch die eine oder andere Skulptur spiegeln.

An der Eingangstür angelangt, greife ich erneut zu meinem Schlüssel, als mir auffällt, dass die Tür nur angelehnt ist. Seltsam. Normalerweise ist sie immer verschlossen – darauf achtet Frau Remus akribisch. Irritiert betrete ich das Gebäude und streife meine Schuhe am Schuhabtreter säuberlich ab. Sofort umfängt mich die kühle, nach altem Papier und getrockneten Farben riechende Luft. Ich schließe für einen Moment meine Augen und sauge den Geruch in mich ein. Doch dann fällt mir wieder ein, weshalb ich hier bin. Ich hänge meinen Mantel an den Kleiderständer und stelle die Tasche daneben ab. Dann durchquere ich zügig die Eingangshalle. Ich lasse meinen Blick über die eindrucksvollen Gemälde schweifen, die ich nun in ihrer Reihung auswendig kenne. Neugierig lasse ich die Tafel hinter mir und trete hinter der Wand hervor in den offenen Bereich. Ich will gerade einen Fuß auf die erste Stufe setzen, als ich zusammenzucke. Auch von hinten erkenne ich ihn sofort. Enrique steht vor „Eidos“. Er dreht mir nur den Rücken zu, doch trotzdem weiß ich, dass er es eingehend mustert. Verwundert starre ich ihn für einige Sekunden einfach nur an. Was macht er hier? Wie ist er an mir vorbeigekommen? Ich räuspere mich. Er dreht sich schwungvoll – aber keineswegs überrascht – um. Als er mich erkennt, entspannt er sich deutlich und fährt sich mit einem erleichterten Lächeln durch die lockigen Haare.

„Du hast mich beinahe zu Tode erschreckt, ma chérie.“ Sein Lächeln wird noch breiter, als er auf mich zukommt. Wie immer brauche ich einen Moment, um mich von seinen strahlend grünen Augen losreißen zu können. Ich hasse es, dass mich seine Gegenwart immer so unbeholfen

macht. „Wie lange bist du schon hier? Ich habe draußen eine gefühlte Ewigkeit auf dich gewartet“, frage ich ihn und meine Stimme klingt ein wenig vorwurfsvoller, als ich es beabsichtigt habe.
Er zuckt mit den Schultern. „Ich habe mich doch vorhin mit Frau Remus getroffen und dachte, ich könnte mir in der Zwischenzeit das Bild noch einmal ein bisschen eingehender anschauen. Tut mir leid, dass du gewartet hast. Geht es dir besser?“
Ich seufze. Wirklich böse kann ich ihm sowieso nicht sein. Eine weitere Sache, die ich nicht mochte. „Ja, ich habe gestern noch eine heiße Dusche genommen und mich neu ausgerichtet.“ Ich mache eine kurze Pause: „Und? Hast du schon was Genaueres herausgefunden?“
Er nickt: „Eine ganze Menge sogar.“
Erwartungsvoll blicke ich ihn an und warte darauf, dass er weiterspricht. Doch er dreht sich nur schweigend wieder zum Bild um. „Und zwar?“, will ich ungeduldig wissen.
Den Blick auf das Bild gerichtet, steht er neben mir. „Es ist eine Fälschung! Ich bin mir nahezu sicher.“, wirft er mir entgegen.
Mir klappt die Kinnlade herunter. Ich habe diese Möglichkeit erahnt, ich habe aber gehofft, dass es nicht so ist. Es gab auch so viele andere Erklärungen, aber nun manifestieren seine Worte diese eine Hypothese. Ich schaue ihn mit zusammengekniffenen Augen prüfend an und merke an seinem Gesichtsausdruck, dass er es wirklich ernst meint.
Ungläubig schüttle ich den Kopf und versuche, das Gesagte zu realisieren. Meine schlimmsten Vermutungen scheinen, nun wahr zu werden. Jetzt gibt es kein Zurück mehr.

Er schaut mich immer noch nicht wieder an. „Ohne Laborproben können wir es nicht beweisen, aber das da ist sicher nicht das Original von Baumeister. Es wurde gefälscht.“, betont er nochmals und fordert mich damit heraus.

„Wie kommst du darauf?“, frage ich ihn, denn wahrhaben möchte ich meine Vermutung nicht. Ich hatte noch ein wenig Hoffnung, dass ich mich geirrt habe.

Endlich dreht er sich zu mir um. Er scheint, selbst etwas perplex zu sein. „Nun ja, als ich das Bild vorhin nochmal genau unter die Lupe genommen habe, sind mir ein paar unstimmige Dinge aufgefallen. An einigen Stellen splittert die Farbe ganz leicht. Es ist kaum zu sehen, aber, wenn man genau hinschaut, sieht man die feinen Risse. Die Farben, die Baumeister seiner Zeit benutzt hat, haben eine ganz andere Konsistenz, sie trocknen zwar, bleiben jedoch immer ein bisschen elastisch und können somit gar nicht splittern.“, gibt er mir zu verstehen.

Auch wenn ich es immer noch nicht glaube, werde ich so langsam nachdenklich. Enrique ist ein Spezialist auf diesem Gebiet und ich zweifle keine Sekunde an seinen Fähigkeiten, aber das hier ist einfach zu verrückt. Er muss sich täuschen. Vielleicht sind wir beide einfach ein bisschen zu paranoid geworden und steigern uns in diese ganze Verfolgungsjagd zu sehr hinein. Es wäre vielleicht besser, einmal ein bisschen zurückzuschalten.

„Das ist doch lächerlich. Nur anhand von ein paar Rissen kannst du doch nicht ernsthaft so etwas behaupten.“, fordere ich ihn heraus.

„Das ist keineswegs lächerlich. Das hier sind nicht die Farben von Baumeister, das kannst du mir glauben. Außerdem war das auch noch nicht alles, was an diesem Bild nicht stimmt. Die Linien sind etwas breiter, als sie sein sollten, und an manchen Stellen etwas ausgefranst, wo man die Fasern des Pinsels erkennen kann.“, erklärt er mir

etwas zu rechthaberisch für meinen Geschmack und deutet auf die verschlungenen Linien auf der linken Seite des Bild.
Ich werfe ihm einen ratlosen Blick zu. Selbst bei genauem Hinsehen erkenne ich nichts Ungewöhnliches. Wie kommt er nur darauf, dass das alles beweisen könnte, dass es sich um eine Fälschung handelt? Woher will er denn überhaupt so genau wissen, wie das Original aussieht? Ich will ihn gerade danach fragen, da fährt er schon fort mit seinem Vortrag: „Außerdem stehen die Linien auch nicht hervor. Sie müssten sich leicht von der Leinwand abheben, da sie mit mehr und viel dickflüssigerer Farbe aufgetragen wurden. Doch diese hier sind recht flach. Glaub mir, Thalia, das hier ist nicht das echte „Eidos“ von Baumeister.“
Hat er womöglich doch Recht? Aber das darf nicht stimmen! Er kennt sich so gut aus und ist der festen Überzeugung, dass das hier wirklich nicht das Original ist, außerdem hat er mir einige Belege genannt. Irgendwas lässt mich immer noch zweifeln. Nur Laborproben könnten uns ein eindeutiges Ergebnis liefern. Doch würde mir das alles erzählen, wenn er sich nicht gewiss wäre?
„Und du bist dir ganz sicher?“, hake ich ein letztes Mal nach.
„Sicher bei was?“, blitzt er mich kurz an. Ich sehe, dass meine Nachfrage ihn kränkt.
Plötzlich schrecken wir beide zusammen. Ich schaue hinter mich und sehe Frau Remus auf uns zulaufen. Sie lächelt gequält und zieht fragend eine Augenbraue hinter dem Brillengestell hoch. Ich beiße mir auf die Unterlippe und werfe einen vielsagenden Blick zu Enrique, der mich ebenfalls anschaut. Sollten wir ihr alles erzählen bevor die Laborergebnisse vorliegen? Wäre das ein guter Zeitpunkt? Ich nicke Enrique unauffällig leicht zu, in der

Hoffnung, er würde das Reden übernehmen. Doch das tut er nicht.
Ich atme tief ein, in dem Wissen, was ich damit alles aufs Spiel setzen werde, und fange an zu reden. Ich erzähle ihr, dass das Gemälde von Baumeister nahezu sicher eine Fälschung ist, und versuche, so detailgenau wie möglich, Enriques Beweise wiederzugeben, auch wenn es sich komisch anfühlt, da ich ja eigentlich gar nicht genau weiß, wovon ich da spreche. Nachdem ich geendet habe, blicke ich nervös zu Frau Remus. Sie war immer so nett zu mir und hat mir sogar einen eigenen Schlüssel gegeben, damit ich jederzeit kommen kann, um zu recherchieren. Ich weiß, dass ich sie damit beleidige, ihre Kompetenz angreife, und hoffe, dass sie mir nicht allzu böse ist.
Frau Remus jedoch lacht nur leise. „Das ist ja eine sehr schöne Theorie. Wollen Sie ein Buch darüber schreiben? Ich vertraue dann doch eher den Laborergebnissen, die sie mir ja liefern werden.“ Dabei sieht sie Enrique streng an.
Ich blicke sie entgeistert an. Sie hält das alles für einen Scherz! Vielleicht sollte ich es dabei belassen? Vielleicht ist das alles wirklich nur ein paranoider Verdacht? Doch ich muss es einfach mit Sicherheit wissen. Ich muss endlich alles wissen und beschließe zu pokern. „Frau Remus, verzeihen sie, aber das ist kein Scherz. Wir meinen es ernst. Die Anzeichen sprechen alle dafür. Die Laboruntersuchung wird dies nur bestätigen können.“
Der Ausdruck in dem Gesicht der Museumsleiterin verändert sich merklich. Sie runzelt die Stirn und es vergehen einige Augenblicke, in denen sich ihr Gesicht in den verschiedensten Zügen gebärdet, dann quetscht sie die Worte aus ihrem Mund: „Sie beide meinen das also wirklich ernst? Sie zweifeln die Sicherheit und Kompetenz dieser Sammlung und somit auch meine an?“

Ich zucke schuldbewusst zusammen. Zwar habe ich mit dieser Reaktion gerechnet, dennoch habe ich keine Ahnung, wie ich nun darauf reagieren soll. Hilfesuchend blicke ich zu Enrique, der immer noch schweigend neben mir steht und noch nichts dazu gesagt hat. So langsam werde ich ärgerlich. Das war alles seine Idee, er hat mich davon überzeugt und kann mich jetzt nicht einmal unterstützen. Doch er zieht nur eine Augenbraue hoch und deutet mir weiterzusprechen.
Ich kneife wütend die Augen zusammen und funkle ihn böse an. Ich weiß, in was für eine Lage ich Frau Remus gebracht habe und dass es wohl genauso unvorstellbar für sie sein muss, wie für mich am Anfang. Dennoch können wir das alles nicht ignorieren. Sollten Enriques Einschätzungen wahr sein, würde ein ziemlich wertvolles Bild fehlen – wer weiß, wie lange schon. Weil Enrique immer noch nichts dazu sagt, ramme ich ihm den Ellenbogen in die Rippen. Darauf soll er jetzt gefälligst antworten. Er zischt kurz auf über den unerwarteten Stoß, dann räuspert er sich. Ich atme aus. Vielleicht gelingt es uns ja zu zweit, Frau Remus zu überzeugen. „Madame Remus, bei allem Respekt, ich kenne mich auf meinem Gebiet aus. Ich arbeite schon lange als Restaurator und bin einer der besten in meinem Beruf. Ich verstehe, dass das ziemlich überraschend kommt, aber ich habe das Bild mehrmals bis aufs kleinste Detail überprüft, um sicher zu gehen. Das Gemälde „Eidos“, das da in der Sammlung hängt, ist eine Fälschung. Das können sie mir glauben. Denken sie nicht, dass die Anschuldigungen zu schwerwiegend sind, um sie einfach beiseite zu schieben? Wenn wir am Ende doch Recht behalten, was wir werden, wird es noch um einiges unangenehmer für sie als jetzt. Uns gefällt die ganze Geschichte genauso wenig, aber wir können auch nichts daran ändern. Pardon.“

Frau Remus sieht etwas verdutzt aus. So hat wohl schon länger niemand mehr mit ihr gesprochen. Einige Augenblicke schaut sie uns weiter mit diesem prüfenden Blick an. Es ist komplett still im Raum. Schließlich unterbricht ihr langgezogenes Seufzen das Schweigen. Man sieht ihr an, dass sie innerlich mit sich kämpft. Ich schaue sie erwartungsvoll an – auch Enrique scheint, ziemlich angespannt zu sein. Frau Remus gehört zu den Menschen, die unfassbar schwer einzuschätzen sind. Jetzt doch nicht die endgültige Wahrheit zu erfahren, würde uns verrückt machen und wieder komplett an den Anfang zurückwerfen. Sie sagt: „Also schön. Ich werde schauen, was sich tun lässt.“ Mit diesen Worten dreht sie sich um und geht davon.

Zurück bleiben nur der gutaussehende Franzose neben mir und ich. Beide sind wir etwas benommen. Wir haben wohl beide nicht mehr damit gerechnet, dass die Museumsleiterin ihre Meinung doch noch ändern würde. Erleichtert atme ich aus und sehe zu Enrique. Er hat mich gerade eben ziemlich im Stich gelassen, aber ich schaffe es nicht, ihm böse zu sein.

„Das wäre geschafft, sollen wir zurück zur Pension gehen?“, fragt er mich mit einer einladenden Geste. Langsam nicke ich und folge Enrique dann in den Garten der Sammlung.

„Kaum zu glauben, dass wir sie wirklich überzeugen konnten.“, murmle ich und spüre, wie die Nervosität langsam von mir abfällt und sich gleichzeitig eine neue aufbaut. Was bedeutet dies nun für mich? Was bedeutet es für meine Familie und wie wird es nun weitergehen? Ich beschließe, dass diese Gedanken heute Abend wieder an mir nagen dürfen und ich jetzt die Zeit mit Enrique genieße.

Am Parkplatz angekommen, drehe ich mich zu ihm um. „Ich nehme dich dann bis zur Pension mit.“, meine ich mit einem Lächeln auf den Lippen und sehe dabei zu, wie Enrique zuerst die Fahrertür für mich öffnet und dann selbst einsteigt. Ich schaue zu ihm und es erfüllt mich mit einer ruhigen wohligen Wärme, sein Gesicht im Profil zu sehen und die kleinen Grübchen zu bestaunen, die sich nun hervortun, da er wieder einmal beginnt, mich aufheiternd anzulächeln.

Ich schrecke aus dem Schlaf. Das schrille Piepsen meines Klingeltons durchdringt die frühe Stille. Verschlafen taste ich nach meinem Wecker. Als meine Finger die Standby-Taste finden, drücke ich den Knopf unwirsch mehrere Male nach unten und als das in den Ohren schmerzende Geräusch dennoch nicht verstummt, schlage ich verärgert mit der flachen Hand auf das Gerät. Allmählich realisiere ich, dass es nicht der Wecker ist, der klingelt, sondern mein Handy. Wer sollte mich so früh am Morgen anrufen? Verwundert greife ich nach meinem Handy. Mit einem Blick auf den Bildschirm seufze ich auf. Es ist Frau Remus. Was will sie nur so früh am Morgen? Um diese Zeit hat sie noch nie angerufen. Seit Enrique und ich vor fünf Tagen mit ihr geredet haben, sind wir beide nicht mehr in der Sammlung gewesen. Ich habe die ganze Zeit über nervös und beunruhigt auf eine Nachricht gewartet, doch bis jetzt habe ich nichts mehr von Frau Remus gehört. Ruft sie nun an, um mir zu sagen, dass ich nicht mehr erwünscht bin in der Sammlung? Dass ich ihr Vertrauen missbraucht habe und meine Sachen packen soll? Ich räuspere mich, um die Müdigkeit aus meiner Stimme zu verscheuchen, und nehme den Anruf an.

„Frau Ehmann? Sie müssen sofort in die Sammlung kommen.“, tönt die Stimme von Frau Remus. Sie klingt angespannt und ernst, ich habe sofort ein ungutes Gefühl. Am liebsten würde ich fragen, worum es geht, doch ich merke ihrer Stimme an, dass es im Moment besser ist, einfach einzuwilligen: „Ich bin in zwanzig Minuten da." Sie legt auf.

Mit einem Ächzen stehe ich auf, es ist viel zu früh. Ein Blick auf meinen Wecker verrät mir, dass es noch nicht einmal sieben Uhr ist. Ich schüttle griesgrämig den Kopf, dann schnappe ich mir meine Klamotten von dem Stuhl neben meinem Bett und ziehe sie mir so schnell es geht an. Ich hetze aus dem Zimmer, greife im Vorbeigehen nach meiner Jacke und nach einem der Äpfel aus der Obstschale auf dem Esstisch, schlüpfe in meine Schuhe und verlasse dann endlich das Zimmer, poltere die Treppe hinunter vorbei am Empfang und hinaus in die Morgenfrische, die mich völlig überrascht. Ich jogge zu meinem Auto, parke aus und merke erst beim Ortsschild, dass ich gar nicht angeschnallt bin. Ich hole dies nach und lenke mein Vehikel zur Sammlung. Vom Parkplatz aus eile ich an der unendlich lang wirkenden Hecke entlang zum Eingang. Ich öffne das Tor und nach einigen Metern die Eingangstür. Meine Schritte hallen durch die verlassen wirkende Halle, als ich den alten Schreibtisch der Domnicks ansteure.

„Worum geht es?", frage ich mit einem unsicheren Blick auf Frau Remus, die hinter diesem Schreibtisch sitzt und in ihren Computer schaut. Enrique, den sie wohl auch angerufen hat, sitzt zum ersten Mal nicht perfekt aussehend, da die Augenringe deutlich zu erkennen sind, auf dem ledernen Sofa. Man sieht der Frau an, dass sie sich nicht auf das Gespräch freut. Ihre Stirn liegt in Falten und ihr Blick ist starr auf den Bildschirm gerichtet. „Die Ergebnisse der Laborproben sind heute angekommen.", sagt sie reserviert. Ihre Stimme gibt keinen Hinweis darauf, womit wir rechnen sollten.

Ich weiß, dass das jetzt der entscheidende Moment ist. Gleich werden wir erfahren, ob wir Recht haben, und vielleicht würde uns das dann auch weiterhelfen bei dem Rätsel um meine Großeltern. Ich spüre, wie auch Enrique neben mir unruhig wird. Er kann es kaum abwarten. Frau Remus beginnt erneut zu sprechen und ich halte vor Spannung den Atem an. „Es wurden viele verschiedene Tests durchgeführt und viele Proben entnommen, um sie so genau wie möglich untersuchen zu können. Zum Glück kennen sie einige der Mitarbeiter und konnten die Dringlichkeit unserer Angelegenheit deutlich machen, daher konnten wir die Ergebnisse so schnell erhalten. Ich habe den Anruf heute Morgen enthalten, danach habe ich sie beide sofort kontaktiert. Was bei den Untersuchungen herausgekommen ist, ist alles andere als erfreulich. Ich muss mich wohl bei ihnen beiden entschuldigen. Offensichtlich liegen sie mit ihrer Vermutung richtig. Sie behalten Recht. Das Bild in der Sammlung ist nicht das Original. Es ist eine, wenn auch offensichtlich ziemlich gute, Fälschung."
Mit deutlich panischerem Ton fügt sie hinzu: „Ich hätte niemals gedacht, dass dieses Bild eine Fälschung ist. Erst als ich es genauer betrachtet und untersucht habe, ist es mir auch aufgefallen – oder zumindest bilde ich mir das ein."

Ihre weiteren Worte vernehme ich nur durch einen rauschenden Nebel. Jetzt steht es fest. Ich habe mir in den letzten Tagen mit Enrique einige Stützpfeiler aufgebaut, von denen ich hoffte, dass sie mich trügen, wenn das Urteil eintrifft, aber dem ist nicht so. Die Stützpfeiler scheinen, in mir wie Zündhölzer zu brechen, und legen all die eingemauerten Fragen wieder frei.

Wo könnte es sein? Sollte ich nochmal zu Oma gehen und sie danach fragen? Was ist, wenn sie keinen klaren Moment hat oder sie sich aufregt und es ihr dann wieder schlechter geht? Ich will sie nicht verärgern. Vielleicht

sollte ich doch einfach auf ihren Speicher gehen, schließlich war da auch das Foto von Oma mit dem Bild, sicher ist sicher. „Das Gemälde könnte vielleicht auf dem Speicher meiner Großeltern sein. Du weißt schon, da wo ich das Foto von meiner Großmutter gefunden habe. Ein Versuch ist das Wert! Sollen wir morgen früh da hin?“, schlage ich Enrique vor.
„Bist du dir ganz sicher? Hast du letztes Mal nicht alles durchsucht?“, erwidert Enrique.
„Einen Versuch ist es wert, besser als nichts. Wenigstens haben wir jetzt einen Ort, an dem wir anfangen können zu suchen.“, entgegne ich ihm überrascht darüber, dass er diesen Vorschlag in Zweifel zieht.
„Ich finde, dass das eine ziemlich gute Idee ist, Frau Ehmann. Wenn wir das Bild dort finden, ersparen wir uns jegliche Peinlichkeit, bevor noch jemand herausfindet, dass dieses Bild eine Fälschung ist. Wir sollten direkt morgen früh aufbrechen und zum Speicher ihrer Großeltern fahren. Ich gehe davon aus, dass sie dann auch mitkommen Herr Fontaine!“, stimmt Frau Remus in meinen Vorschlag ein.
„Natürlich, Frau Remus. Ich werde ihnen helfen, so gut es geht. Es ist auch ganz in meinem Interesse, dieses Bild zu finden. Das Bild ist atemberaubend, es erzählt eine interessante Geschichte, finde ich.“, antwortet Enrique und lächelt dabei ein wenig verschmitzt.
Ich suche noch immer meine Nerven und bündle sie, um möglichst stark dazustehen. Ich sehe den beiden zu, wie sie sich unterhalten, doch in Gedanken hoffe ich einfach nur, dass meine Familie nichts mit diesem Gemälde zu tun hat. Enrique begleitet mich aus der Sammlung und lädt mich noch auf ein Eis ein.

Wie verabredet, treffen wir uns bereits um 7 Uhr am nächsten Tag an der Sammlung. Wir werden mit dem gelben Fiat von Frau Remus fahren, die uns bereits nervös überschwänglich entgegenläuft und von weitem begrüßt: „Guten Morgen, Frau Ehmann, Herr Fontaine. Schön, dass wir uns so früh treffen konnten. Ich bin froh, dass wir eine Idee haben, wo das Bild sein könnte, und sie, Frau Ehmann, uns zum Speicher ihrer Großeltern Zutritt gewähren und uns dort suchen lassen."
Völlig überrascht von dieser Überschwänglichkeit, der ich auch ein gewisses Schauspieltalent zuschreibe, antworte ich bemüht, fröhlich und optimistisch zu klingen: „Guten Morgen, Frau Remus. Natürlich dürfen Sie auf dem Speicher suchen! Es ist ja im Interesse von uns allen, dass wir das Bild so schnell wie möglich finden. Hoffentlich wird es auch auf dem Speicher sein. Es wäre wirklich schade, wenn wir es nicht finden könnten."
„Ich glaube, wir würden es alle sehr begrüßen, wenn wir heute das Bild finden und nicht noch weitere Nachforschungen anstellen müssen. Also lassen sie uns anfangen.", sagt auch Enrique voller Elan.
Wir steigen ein. Im Radio läuft NRJ und sie spielen „Girls like You" von Maroon 5, wie die Moderatorin später verrät. Es übertönt die Stille, ohne dass der Bass wirklich in unsere Ohren gelangen würde. Wir sprechen nicht. Worüber sollten wir auch reden? Das meiste ist unaussprechlich und es würde durch das Brechen des Schweigens nur zu sehr an Bedeutung gewinnen. Noch ist nichts gewiss. Das denke ich wie ein Mantra. Noch ist nichts gewiss.
Nachdem wir das Auto an einem Straßenrand geparkt haben, laufen wir eilig zum alten Haus meiner Großeltern. Ich schließe die Tür auf und wir treffen auf die Kinder der Mieter im zweiten Stock, die offensichtlich zur Schule schlendern. Wir grüßen und gehen in Richtung der Dachbodentür weiter. Ich drehe den alten Schlüssel um und

muss nochmals an die Worte meiner Großmutter denken. Ich weiß, sie will nicht, dass ich hierherkomme. Sie hat es ausdrücklich verboten, doch diese Situation macht es erforderlich. Ich rechtfertige mich vor mir selbst, denn so kann ich auch sie schützen, hoffe ich.

Wir drei betrachten die beachtliche Sammlung an Erinnerungen meiner Familie, die sich unter einer Decke aus Staub versteckt.

„Lasst uns in der Ecke da drüben anfangen und uns nach vorne arbeiten.“, schlage ich vor, während ich in die besagte Richtung zeige und nach Zustimmung der anderen suche. Wir fangen an zu suchen. Ich widme mich den verstaubten Ecken, denen ich beim letzten Mal keine Aufmerksamkeit geschenkt habe, in der Hoffnung dort etwas zu finden, was zumindest einen Hinweis auf den Verbleib von „Eidos“ gibt. Frau Remus habe ich einige Kartons zugewiesen und Enrique widmet sich den schweren Möbeln, die verrückt werden müssen.

„Haben sie schon etwas gefunden?“, fragt Frau Remus uns nach einiger Zeit des Suchens.

„Nein leider noch nicht. Du, Enrique?“, entgegne ich niedergeschlagen. „Bisher noch nichts, aber das wird schon noch, mach dir keine Sorgen.“, versucht mich Enrique aufzumuntern.

Was ist, wenn wir das Bild doch nicht hier finden? Alles wird auf mich zurückfallen. Wir müssen es einfach finden. Ich schaue zu Enrique und muss lächeln, er ist so süß. Enrique versucht, mich aufzumuntern und auf andere Gedanken zu bringen. Wären wir doch nur allein, ohne Frau Remus. Ich bin so glücklich, ihn an meiner Seite zu haben. Wie habe ich ihn nur verdient?

„Bist du dir da ganz sicher? Wir suchen jetzt schon so lange und haben immer noch nichts gefunden. Was ist, wenn das Bild gar nicht hier ist? Dann war alles umsonst

und wir müssen von Neuem beginnen.", spreche ich meine Zweifel laut aus.
„Vertrau mir doch, ma chérie. Wir werden es finden, du weißt doch: Immer positiv denken! Wenn nicht hier, dann bestimmt an einem anderen Ort.", versucht Enrique mich weiter zu motivieren.
„Herr Fontaine hat Recht, wir müssen alle positiv denken, sonst bringt die Suche gar nichts.", pflichtet Frau Remus ihm bei.
„Danke, dass ihr beide mich beruhigt! Wir werden das Bild finden und ich sollte keinen negativen Gedanken mehr verschwenden, ich sollte lieber optimistisch bleiben. Wenn ich Pessimismus an den Tag lege, zieht es uns alle nur runter."
Nach diesem kurzen Gespräch machen wir uns weiter auf die Suche nach dem Bild oder einem Hinweis, wo es sein könnte. Während ich versuche, Enrique unauffällig zu beobachten, spricht mich Frau Remus immer wieder an und will mir Geschichten aus ihrem Leben erzählen. Sie durchforstet nun die alten Aufzeichnungen meines Großvaters, während ich die Fotos durchblättere. Höflich, wie ich nun mal bin, tue ich so, als würde ich Frau Remus zuhören, und gebe ab und zu zustimmende Laute von mir. Als ich wieder ein „Aha" von mir lassen will, fängt auf einmal ein Klavier an zu spielen. Zunächst wundere ich mich, woher es kommt, bis ich begreife, dass es ein Klingelton eines Handys ist. Es muss das von Frau Remus sein, da sie plötzlich wie wild anfängt in ihrer Handtasche zu suchen. Als sie es gefunden hat, schaut sie kurz aufs Display und dreht sich zu Enrique und mir um. „Entschuldigen sie, aber da muss ich dran gehen. Suchen Sie einfach weiter, das Telefonat könnte etwas länger dauern. Ich versuche aber, so schnell wie möglich wieder bei der Suche zu helfen. Also für den Notfall oder wenn sie etwas gefunden haben: Ich bin im Treppenhaus.", entschuldigt

sich Frau Remus und geht mit schnellen Schritten und klackernden Absätzen zur Tür hinaus.
Endlich sind wir allein, nun kann ich ihn in Ruhe beobachten. Er sieht so gut aus in dem enganliegenden blauen T-Shirt, wodurch man seinen muskelbepackten Körper sieht. Wie kann ein Mensch nur so gut aussehen und dann auch noch mit mir zusammen sein? Zudem versteht er so viel von diesen wundervollen Kunstwerken, vor allem von Baumeister und zeichnen kann er auch! Ich habe noch nie jemand so beeindruckenden kennengelernt. Er ist wie der Seelenverwandte, auf den ich mein ganzes Leben gewartet habe, er liebt Kunst, zeichnet gerne und lesen findet er ebenfalls entspannend. Ein Wunder, dass er mich überhaupt beachtet hat. So zurückhaltend wie ich bin, sprechen mich die meisten Männer nicht mal an und er ist einfach auf mich zu gekommen. Mit ihm ist es so einfach, ich kann mit ihm ganz normal reden, mich einfach fallen lassen und ich selbst sein. Einmal haben wir uns gegenseitig gezeichnet, er hat mich wirklich gut getroffen, sogar meine Sommersprossen und meinen kleinen Leberfleck auf der rechten Wange hat er beachtet. Er hat gesagt, dass er ihn mignon – süß - finde. Während des Zeichnens hat er sich gedankenverloren durch die schönen lockigen Haare gefahren und vor sich hin gelächelt. Ich habe nie gedacht, dass ich jemanden finde, bei dem ich mich so wohl fühle und der mich dann auch noch so gut versteht und mag. Enrique ist wie geschaffen für mich.
Ich schaue in den Raum. Es ist ein typischer Dachboden, wie man ihn in vielen Häusern findet – vollgestopft mit Sachen, die die Besitzer nicht mehr benutzen. Gegenüber der Tür befindet sich ein kleines, rundes Fenster, bedeckt mit Spinnweben und einem breiten Fenstersims, perfekt um sich an das Fenster zu kuscheln und zu lesen. Rechts davon steht ein kleiner Holzschrank im Eck. Der rechte Kniestock des Raumes ist von einem langen, kniehohen

Regal mit Büchern eingenommen. Vor diesem Regal liegt ein großer, hässlicher, blauer Teppich auf den Holzdielen. Alles ist voller Staub, als wäre schon Jahre niemand hier oben gewesen. In diesem Staub kann ich noch die Schuhabdrücke meines letzten Besuches erspähen. Auf der linken Seite des Raumes stehen überall Umzugskartons, in denen sich alte Klamotten, kaputte Küchengeräte, alte Spielzeuge und anderes unbrauchbares Zeugs häufen. Einige dieser Kartons habe ich bei meinem letzten Besuch durchforstet und in einem von ihnen habe ich das Foto von meiner Großmutter mit dem Ausschnitt von „Eidos“ gefunden.
Ich schaue wieder zu ihm und sehe, wie Enrique gerade in einer alten Truhe sucht, die im linken Eck steht. Ob das Bild da drinnen ist? Es muss einfach hier sein! Ich lasse meinen Blick weiter durch den Raum schweifen. Wo könnte das Bild sein? Wo würde ich es verstecken? Mein Blick wandert gerade über den alten Holzschrank, als ich aus dem Augenwinkel meine, das Bild in Enriques Händen zu sehen. Hat er es gefunden? Wir müssen es einfach finden! Ich schäme mich für meinen Großvater, wie konnte er das nur übers Herz bringen? Ich muss es dem Museum zurückbringen. „Was machst du da? Enrique, hast du etwas gefunden?“, frage ich ihn.
„Nein, noch nicht.“, erwidert er zurückhaltend.
„Es muss hier doch irgendwo sein.“, sage ich niedergeschlagen. Dann habe ich es mir doch nur eingebildet, „Eidos“ in Enriques Händen gesehen zu haben. Ich muss echt verzweifelt sein, dass ich jetzt sogar schon Wahnvorstellungen bekomme. Aber das Gemälde ist mir echt wichtig und ich will es unbedingt finden.
Nach weiteren zehn Minuten vergeblicher Suche stehe ich mitten in dem riesigen Raum und verliere so langsam den Glauben daran, dass wir es überhaupt noch finden wer-

den. Wo kann es nur sein? Ist es wirklich auf diesem Speicher? Oder habe ich mich doch geirrt und es ist gar nicht hier? Aber wo sollen wir sonst suchen? Wir haben keinen anderen Anhaltspunkt. So schwer kann es doch nicht sein, ein großes Bild auf diesen paar Quadratmetern zu finden! Schon früher habe ich es gehasst, verstecken zu spielen. Ich habe immer verloren. Sachen, Orte oder Personen zu finden, war noch nie meine Stärken. Das ewige Suchen bringt mich auf die Palme.

Gedankenversunken laufe ich durch den Raum und lausche meinen Schritten, wie sie auf dem Dachboden nachhallen. Plötzlich höre ich ein Geräusch, das nicht zu diesem Takt passt. Es klingt hohler als die anderen. Ich bleibe stehen und stelle fest, dass ich einmal durch den Raum gelaufen bin und nun auf dem rechten Eck des blauen Teppichs vor den kleinen Bücherregalen stehe. Ein Buch erregt meine Aufmerksamkeit besonders: „Romeo und Julia". Ich habe dieses Buch schon mit 13 Jahren geliebt und verschlungen – zu oft habe ich es gelesen. Ich habe mir immer gewünscht, eine so unendliche Liebe zu empfinden, wie sie in diesem Buch beschrieben wird. Ich lehne mich nach vorne, um das Buch herauszuziehen. Es muss sehr alt sein, denn der Buchrücken ist ausgeblichen und fleckig.

Als ich mich vorbeuge, ertönt wieder dieses Geräusch von nachgebenden, altem Holz. Ich nehme es im Hintergrund wahr, achte aber nicht wirklich darauf und umfasse dieses Buch. Das Cover hat sich leicht gelblich verfärbt und ist mit einer Staubschicht überzogen, welche ich mit dem Ärmel meines Cardigans entferne. Als ich die Seiten durchblättere, steigt der Geruch von alten Buchseiten in meine Nase, die Seiten fühlen sich vertraut an. Ich erlaube mir, ein paar Abschnitte des Buches zu lesen, und bleibe an meiner Lieblingsstelle hängen. Mit einem roten Buntstift markiert, lese ich mir wieder und wieder diesen einen Satz

durch. *„Kein Hindernis aus Stein hält Liebe auf, was Liebe kann, das wagt sie auch."* Sofort muss ich an Enrique denken und mich durchströmt ein wärmendes Gefühl in meinem Bauch. Mein ganzer Körper beginnt zu kribbeln und ich kann nicht verhindern, dass sich ein Lächeln in meinem Gesicht bildet. Ich beschließe, das Buch meiner Großmutter mitzubringen und ihr daraus vorzulesen.
Während ich mich wieder erhebe, höre ich erneut das Geräusch. Dieses Mal nehme ich es vollkommen wahr und frage mich, woher es kommt. Ich mache einen Schritt nach vorne und es hört sich wieder nach einem Schritt auf Holzboden an. Verwirrt stehe ich nun neben dem Teppich. Das Geräusch muss etwas unter dem Teppich verursachen. Ich hebe ihn an und entdecke tatsächlich eine Luke. Sie ist ungefähr einen Quadratmeter groß. Die rechte Hälfte des Teppichs hat sie so bedeckt, dass man die Luke nicht sehen kann. Ich versuche, sie zu öffnen, doch die Schwere der Platte lässt sie mir sofort wieder aus der Hand gleiten.
„Enrique, kannst du mir hier kurz helfen?", bitte ich ihn. Er kommt, lässt die Kommode, die er soeben verrückt hat, stehen und eilt zu mir. Gemeinsam heben wir die Luke an. Es muss hier drinnen sein, es ist das perfekte Versteck! Doch da ist nichts! Enttäuscht wende ich meinen Blick ab und falle Enrique in die Arme. Ich halte diese Anspannung kaum aus.
„Thalia, entspanne dich. Ich verspreche dir, wir werden es finden.", versucht er mich aufzumuntern und nach einer kurzen Pause fügt er noch hinzu: „Ich liebe dich!" und wischt mir eine einzelne Träne weg. Das war genau das, was ich gebraucht habe. Diese letzten drei Worte erfüllen jede meiner Fasern mit Wärme. In mir kämpfen so viele Gefühle und Gedanken, doch in diesem einen Moment,

hat die Liebe, die er mir gibt, alles andere vertrieben. Ich antworte ihm in vollster Ehrlichkeit: „Ich dich auch.“
Er beugt sich zu mir runter und küsst mich. Mein Herz macht einen Sprung. Nach einiger Zeit löse ich mich von ihm und mache mich mit einem erfüllten Grinsen wieder an die Arbeit. Es ist wie festgewachsen in meinem Gesicht, selbst wenn ich versuchen würde, meine Mundwinkel herunterzuziehen, ich könnte es nicht: „Los, lass uns weitersuchen, sonst müssen wir hier noch übernachten.“
„Ich glaube, das würde ich sogar begrüßen, du nicht? Wir allein auf diesem Dachboden…“, entgegnet er mir verschmitzt und mit wackelnden Augenbrauen. Ich verdrehe die Augen und murmele nur ein leises „Männer.“ Frau Remus ist nun schon eine gute halbe Stunde weg und ich frage mich, wo sie nur bleibt.
Ich gehe auf den Holzschrank zu, den ich noch nicht durchforstet habe, und versuche ihn zu öffnen, doch der Schlüssel klemmt. Aus dem Augenwinkel nehme ich wahr, wie Enrique die andere Seite des Teppichs anhebt und direkt wieder fallen lässt. „Wo bleibt denn, Frau Remus? Thalia, willst du nicht nach ihr schauen?“, fordert er mich wie aus dem Nichts auf.
„Sie kommt schon zurecht. Es ist wichtiger, das Bild zu finden. Der Schlüssel des Schranks klemmt.“
Enrique tritt von dem Teppich zurück und ich sehe darunter das Eck einer weiteren Luke, welche der Teppich nicht ganz verdeckt, da er den blauen Teppich so plötzlich hat fallen lassen. Wieso hat er nichts gesagt? Es ist unmöglich, dass er die Luke nicht gesehen hat! Was hat er für Gründe, das vor mir zu verheimlichen? Groß genug für das Bild ist diese Luke auf jeden Fall. Wieso will er, dass ich gehe?
Wenn ich so darüber nachdenke, ist es sehr komisch, mich so plötzlich zu bitten, nach Frau Remus zu sehen. Dann könnte er allerdings in aller Ruhe die Luke öffnen und

schauen, ob das Bild dort drin ist. Wieso sollte er das tun? Enrique würde das Bild nicht vor mir verstecken. Er weiß doch, wie wichtig das für mich ist. Oder? Möglich wäre es, denn so lange kennen wir uns noch nicht. Was würde er davon haben, das Bild vor mir zu verstecken? Nein, das kann nicht sein! Er liebt mich und ich liebe ihn. Wenn ich ihn darauf anspreche, denkt er, ich vertraue ihm nicht. Das Bild ist bestimmt nicht dort drinnen. Wäre das Bild doch dort versteckt, würden ich es nicht finden können, ohne ihn bloßzustellen, und das darf ich auch nicht zulassen, schließlich muss ich es dem Museum zurückgeben, um die Schuld meiner Familie zu begleichen. Soll ich einfach so tun, als hätte ich es nicht gemerkt? Dann würde ich die Wahrheit jedoch nicht erfahren. Nein, ich muss ihn darauf ansprechen.

„Hast du irgendeinen Hinweis auf das Bild gefunden?“, frage ich Enrique mit möglichst gelassener Stimme, als er sich gerade auf den Weg zu mir macht, um mir mit dem Schlüssel zu helfen. „Nein, wann hätte ich noch etwas finden sollen, ma chérie? Ich habe dir doch mit der Luke geholfen und jetzt helfe ich dir mit dem Schlüssel.“

Ich sehe ihn mit ernstem Blick an, doch bin selbst mehr als verwirrt. „Aber du hast doch gerade nochmal unter den Teppich geschaut und jetzt schaut das Eck einer anderen Luke raus. Du kannst mir nicht erzählen, du hättest sie nicht gesehen, wenn ich sie sogar von hieraus erkenne!“, stelle ich misstrauisch fest und unterdrücke all die Gefühle, die nun wie Feuer die zuvor erfüllende Liebe vertreiben.

„Was?“, er wendet sich um und sieht an die Stelle, an welcher die Luke unter dem Teppich hervorscheint. „Ich habe sie wirklich nicht gesehen. Ich habe den Teppich so schnell wieder fallen lassen, weil ich dachte, dort wäre ein Krabbeltier gelaufen. Da konnte ich die zweite Luke gar nicht sehen. Und danach bin ich dir direkt zur Hilfe gekommen.“, verteidigt sich Enrique und kommt überschwänglich zu mir gelaufen, umgreift mich, hebt mich etwas hoch und lächelt mich begeistert an: „Ma chérie, das könnte unsere Chance sein! Komm, lass uns nachsehen!“

Ich spüre, wie die Liebe das wütende Feuer lischt. „Tut mir leid, dass ich dir nicht vertraut habe. Auf einem Dachboden wimmelt es ja meist von Ungeziefer. Ich hätte wahrscheinlich genauso reagiert. Aber dann kannst du mir jetzt mit dem Schlüssel helfen und danach die Luke aufmachen, um zu schauen, ob da das Bild darunter ist.“, versuche ich ihn zu besänftigen. Ich muss echt aufpassen mit meinen Beschuldigungen. Es ist jetzt schon das zweite Mal, dass ich Enrique verdächtigt habe, das Bild vor mir zu verstecken. Was ist nur los mit mir?

Er geht darauf ein und nachdem er mir den Holzschrank geöffnet hat, läuft er zur Luke, um diese zu öffnen. Nach einigen Fehlversuchen des Ziehens höre ich ein Knarzen. Kurz darauf lässt Enrique einen freudigen Laut von sich. Das hört sich an, als hätte er es gefunden. Es muss einfach so sein, ich werde es endlich zurückgeben können. All dieser Horror wird beendet. Ich werde frei atmen können und mit Enrique… Ja, wer weiß? Wir können glücklich werden! Vor meinem Auge tun sich so viele Bilder meiner Zukunft auf, dass sie sich überschlagen. Ich versuche, mich zu fokussieren.

„Ist das Bild unter der Luke?“, frage ich Enrique voller Vorfreude auf eine gute Nachricht und drehe mich um.

„Nein, leider nicht.“, antwortet Enrique niedergeschlagen. Doch in diesem Moment, in dem ich mich vollständig umdrehe und ihm gegenüberstehe, sehe ich eine Ecke. Nicht irgendeine Ecke. Die rechte obere Ecke von Eidos. Ich werde verrückt. Mein Magen dreht sich beinahe um. Meine Mundwinkel, die gerade noch auf dem Weg nach

oben waren, bleiben für eine Millisekunde stehen und ziehen sich sofort wieder nach unten. In meinem Gesicht macht sich ein fassungsloser Ausdruck breit. Das kann doch nicht sein! Ich muss ihn einfach darauf ansprechen.
„Aber da ist doch das Bild! Hast du es nicht gesehen?“, stelle ich ihn zur Rede.
„Wo denn? Ich sehe es gar nicht.“, versucht Enrique sich dumm zu stellen. Aber nicht mit mir. „Da direkt vor dir, du musst es gesehen haben! Nicht einmal ein Blinder hätte es übersehen können!“
„Ich habe es echt nicht gesehen. Denkst du, ich weiß nicht, wie wichtig es dir ist, dieses Bild zu finden? Warum sollte ich es dann vor dir verheimlichen, wenn ich es gefunden habe?“, versucht er sich weiter zu erklären, doch da liegt etwas Bitteres in seinem Blick, etwas mir Unbekanntes. Was ist nur los mit ihm?
„Ich weiß nicht, vielleicht hast du irgendwelche Gründe, die du vor mir verheimlichst. Woher soll ich das wissen?“, versuche ich ihm ins Gesicht zu schreien, jedoch macht sich ein Kratzen im Hals bemerkbar.
„Ma chérie, warum sollte ich irgendwas vor dir verheimlichen? Du weißt doch: Ich liebe dich. Warum vertraust du mir nicht? Oder liebst du mich etwa nicht und spielst mir nur etwas vor, damit ich dir bei der Suche nach dem Gemälde helfe?“, beschuldigt er nun mich.
Das trifft mich mitten in mein Herz. Wie kann er nur so etwas behaupten. „Enrique, du weißt doch, ich könnte dich nie benutzen! Ich liebe dich doch! Es tut mir leid, dass ich so an dir gezweifelt habe. Ich weiß nicht, was mit mir los ist, warum ich nur einen Gedanken daran verschwenden konnte, dass du mir etwas verheimlichen könntest.“, verteidige ich mich. Ich muss wirklich aufhören, überall Gespenster zu sehen. Ich schaue nochmals in seine Augen. Sie sind freundlich und mir vollkommen zugewandt.

„Das ist auch gut so, ich hätte es dir nie verzeihen können, hättest du mir nicht vertraut. Obwohl, du hast mir eigentlich schon in dem Moment nicht mehr vertraut, indem du nur darüber nachgedacht hast, ich würde dich hintergehen und das Bild für mich haben wollen.“, erwidert er plötzlich mit einem vorwurfsvollen Unterton, den ich nicht von ihm kenne.
Wieso ist er jetzt plötzlich so aggressiv? So kenne ich ihn gar nicht. Was ist bloß in ihn gefahren? Er würde doch nur so ausflippen, wenn ich etwas herausgefunden habe, das er verheimlichen will. Aber das würde heißen, dass er das Bild wirklich schon entdeckt hat und für sich haben will. Nun dreht sich absolut alles in mir. Mir ist übel und mein Blick verliert jede Klarheit.
„Ich habe nichts davon gesagt, dass du das Bild für dich haben willst. Das hast du erst ins Spiel gebracht!“ Meine Stimme ist am Ende. „Was willst du?“, nun bricht meine Stimme vollends ab, aber diese Frage muss ich stellen: „Was willst du hier eigentlich?“
Enriques Gesicht erstarrt kurz und ich habe Mühe, meinen Blick auf ihn aufrecht zu halten. Dann verändert es sich wieder und nimmt die charmanten Züge an, in die ich mich verliebt habe. „Thalia, du denkst doch nicht wirklich, dass ich so etwas machen würde?“
„Ich will nur, dass du mir die Wahrheit sagst, Enrique.“, fordere ich ihn mit überraschend fester Stimme auf.
„Welche Wahrheit, ma chérie? Was willst du von mir hören?“, macht er weiterhin auf unschuldig.
„Ich will wissen, warum du gesagt hast, dass du das Bild für dich haben willst.“
Sein Blick wird leer, sein Mund umgibt ein bitteres Lächeln und seine Nasenflügel legen sich an, er zeigt mir eine bösartige Grimasse. „Wie kannst du mir etwas bedeuten, wenn ich nur einen Job ausführen muss? Denkst

du ernsthaft, jemand wie ich könnte jemals etwas von einer wie dir wollen?“, greift Enrique mich mit scharfen Worten an und sie treffen mich. Jedes einzelne Wort macht es schlimmer.
Ich nehme kaum noch etwas wahr, ziehe mich zurück und klammere mich an das letzte Häufchen, das er von mir übriggelassen hat. Ich begreife nicht, was ich soeben hören musste. In meinem Ohr setzt ein hohes Pfeifen ein. Ich kann nicht glauben, dass er mich nur benutzt haben soll. Enrique ist doch nicht so boshaft! Bisher ist er immer so lieb und fürsorglich gewesen. Er kann doch nicht alles vorgespielt haben! Ich glaub ihm das nicht. Er muss mich doch wenigstens ein bisschen mögen. So etwas kann man doch nicht aus dem Nichts vorspielen.
Von irgendwoher habe ich die Kraft, die nächsten Worte auszusprechen, er muss mir die Wahrheit sagen: „Was redest du da, Enrique? Das kann doch nicht sein! Man kann doch keine Liebe aus dem Nichts vorspielen. Und von was für einem Job redest du da? Jetzt sag mir verdammt nochmal die Wahrheit!“
Meine Worte knallen hart an seinen Kopf. Ich bin stolz, dass ich sie so sicher und mit klarer Stimme formulieren konnte, und dieser Stolz blitzt ihn aus meinen Augen an.
„Na schön, wenn du die Wahrheit willst, bekommst du sie auch.“, erwidert er kühl: „Ich habe einen sehr, sagen wir mal, interessanten Job. Ich beschaffe Leuten Dinge oder lasse sie, wenn es nötig ist, verschwinden. Natürlich alles für eine angemessene Summe. Und jetzt muss ich dein „Eidos“ leider auch mitnehmen. Ich habe einen sehr großzügigen Auftraggeber, der mir ein nettes Sümmchen zahlt.“
„Du stiehlst? Du…du bist ein Dieb!“, rufe ich entsetzt.
Dieses Zwinkern und diese Augen, aber er ist ein Dieb. Hat er mich wirklich nur ausgenutzt? Bin ich wirklich nur ein Mittel zum Zweck für ihn? Nein, das kann nicht sein!

In dieser kurzen Zeit sind wir uns so nah gekommen. Ich habe wirklich gedacht, er wäre mein Seelenverwandter. Außerdem kann man so etwas doch nicht einfach vorspielen! Da muss doch wenigstens ein Fünkchen Liebe dabei gewesen sein.

„Ich nenne es zwar lieber Magier der Besitzzuständigkeit von Gegenständen, aber wenn du mich Dieb nennen willst, dann mach das gerne. Schließlich kann ich es jemanden wie dir, der keine Ahnung von meinem Job hat, nicht verübeln, dass du denkst ich wäre ein Dieb. Zumal du den Schock noch verarbeiten musst, dass du für mich nur Mittel zum Zweck warst, um an das Bild zu kommen. Ich dachte zwar, es würde sich etwas leichter gestalten und ich bräuchte dich nur, um mir eine Chance zu eröffnen, das Bild aus der Sammlung zu entnehmen, aber als du mir dann deine Vermutung erzählt hast, wurde das alles etwas komplizierter. Da ich aber nicht so pingelig sein will und du mir schließlich geholfen hast, an „Eidos“ zu kommen, hätte ich da eine Idee…“, unterbricht seine Stimme, die mir nicht mehr so vertraut vorkommt wie noch heute Morgen, meine Gedanken. „Da du mich wirklich zu mögen scheinst, wie wäre es, wenn du einfach mit einsteigst? Du bekommst auch 30 Prozent des Geldes. Oder sagen wir 40? Du hattest ja auch ein paar Spesen. Das wäre ein fairer Deal.“

„Nie im Leben! Das kannst du vergessen!“, kreische ich fast.

Ich sehe mich um und gehe bereits mit großen Schritten zum Ausgang. Ich muss jetzt Frau Remus rufen. Ich halte seine Nähe nicht aus. Ich halte mich hier nicht aus. Doch nach dem dritten Schritt, als mein linker Fuß sich gerade für einen vierten lösen will, umgreifen mich zwei starke Arme und die sanfte Stimme haucht in mein Ohr: „Ma chérie, gib mir doch eine Chance. Wer weiß, wenn du miteinsteigst, kann aus uns vielleicht echt was werden… ein

Team… ein Paar! Wir brauchen gemeinsam Zeit, fernab von all dem hier! Glaube mir, wir wären das perfekte Paar."
Seine Worte verführen mich. Mein linker Fuß setzt leicht zurück und sucht nach einem festen Stand. Soll ich? Aber in der letzten Zeit scheint er, sich auch nicht in mich verliebt zu haben. Warum sollte er sich dann in Zukunft in mich verlieben? Das macht doch keinen Sinn! Er versucht doch nur, mich zu ködern, damit ich mit ihm gehe und ihn nicht verpfeife. Die Sicherheit über diese vernichtende Wahrheit wächst in mir.
„Denkst du ernsthaft, ich sei so dumm und merke nicht, dass du mich verarschst? Warum solltest du dich jetzt in mich verlieben, wenn du dich anscheinend bisher auch nicht in mich verliebt hast? Ich werde nicht mit dir gehen, nur weil du mir etwas versprichts, was sich nie erfüllen wird.", bleibe ich standhaft und entreiße mich seiner Umarmung.
Er packt mich an den Schultern und fixiert mich. Dann beginnt er, mit seinen kalten grünen Augen auf mich einzureden: „Dein Opa war doch ebenfalls kriminell, also hast du es praktisch schon im Blut." Ebenso plötzlich schlägt seine Stimme einen sanften Ton an und seine rechte Hand beginnt, über meine Wange zu streicheln: „Das mit der Liebe wird schon. Sieh nur, wir könnten eine gemeinsame Zukunft haben! Stell dir nur vor, was wir uns von einer Million alles kaufen könnten. Wir könnten uns ein eigenes Haus kaufen, direkt am Meer in Südfrankreich. Wir würden dort unsere zwei wunderschönen Kinder großziehen, ein Junge und ein Mädchen, sie würden zweisprachig aufwachsen. Stell dir das mal vor, ma chérie. Ein Leben, von dem manche nur träumen können."
Ich weiche seinem Blick aus, der mich fesseln will und wende mich ab. „Niemals, hast du gehört! Ich helfe dir sicher nicht dabei, dieses Gemälde zu stehlen. Ich muss

den Fehler meines Großvaters wieder gut machen und dem Museum das Bild wiedergeben. Ich werde nicht wie mein Großvater."

Enrique entgegnet mir mit bedrohlicher Stimme: „Nein, das wirst du nicht tun. Du ruinierst mir sicher nicht diesen wichtigen Auftrag. Wenn du nicht willst, dann bleib hier, aber lass mich verdammt nochmal dieses Scheißbild mitnehmen. Es war sowieso schon Aufwand genug. Ich hatte schon den perfekten Plan, wie ich es aus der Sammlung schaffen kann, und dann kommst du daher und sagst mir, dass es eine Fälschung ist. Da musste ich mich noch mehr ins Zeug legen, dein Vertrauen zu erspielen. Wäre dein Großvater nicht gewesen, könnte ich schon längst wieder am Strand sitzen!"

Nach einer nur kurzen Pause, in der ich vor lauter Erstaunen nichts zu erwidern weiß, setzt er hinzu: „Aber Respekt. Dein Großvater muss gewusst haben, wie man ein Gemälde ordentlich verschwinden lässt. Wir hätten uns sicher gut verstanden." Bei diesen Worten blitzen seine Augen und sein Lächeln wirkt fast gönnerhaft.

Wieso droht er mir? Er wird mir doch nichts antun oder vielleicht doch? Oh nein, was soll ich tun? Ich bin hier allein mit ihm in diesem Raum. Wenn er so mit mir redet, kann er mich gar nicht lieben, oder? Ich hatte also doch Recht. Warum sagt er dann ständig, dass er mich vielleicht doch lieben könnte? Ich muss es einfach wissen. Ich muss ihn fragen! Aber was ist, wenn er wieder sagt, dass er mich nie geliebt hat? Er hat mich nur ausgenutzt! Wenn es so war, möchte ich es überhaupt nicht hören. Nein, ich schiebe all dieses Gedankenwirrwarr beiseite. Jetzt ist es Zeit für die Wahrheit. Ich muss wissen, ob das echt war zwischen uns.

„Enrique, habe ich dir jemals etwas bedeutet?" quetsche ich aus mir heraus.
Enrique fängt an, dreckig zu lachen. „Das hast du wirklich geglaubt? Frauen sind so berechenbar. Ein paar Komplimente hier, ein wenig Französisch dort und du kannst deine Finger nicht von diesem unwiderstehlichen Körper lassen, ma chérie!", treffen mich seine Worte wie Pfeilspitzen.
„Berechenbar? Dieser Hochstapler denkt, ich wäre berechenbar! Er wird schon sehen, was er davon hat!", denke ich und bevor ich es wirklich begreife, was meine Hand tut, gebe ich ihm eine schallende Ohrfeige. Ich sehe, wie sich auf seinem Gesicht Unglaube und Entsetzen abzeichnen.
„Ach, hast du das auch erwartet? Du hast nur mit mir gespielt! Du hast mich nur benutzt, du verdammter Scheißkerl!", schreie ich enttäuscht, sodass meine Stimme sich überschlägt. Ich spüre, wie mir Tränen in die Augen steigen! Nein, bitte nicht jetzt, nicht vor ihm.
„Thalia, du brauchst doch wegen meiner Wenigkeit nicht zu weinen. Du hast dich doch gegen uns entschieden, als du gesagt hast, du willst nicht mit mir kommen. Aber es ist noch nicht zu spät für uns!", sagt Enrique und lächelt bittersüß.
Vielleicht hat er ja Recht und wir könnten zusammen… irgendwie. „Hör auf mit deinen Psychospielchen! Verschwinde einfach! Ich wünschte, wir wären uns nie begegnet!", bringe ich mich selbst zu Vernunft.
„Wenn dies dein Wunsch ist, ma chérie… Sobald ich das Bild habe, bin ich weg."
„Nein, du verschwindest jetzt und zwar ohne dieses Gemälde! Ich will dich hier nicht mehr sehen! Ich schwöre dir, ich rufe noch die Polizei, und glaube mir, das wird nicht schön für dich enden."

„Du willst mich also laufen lassen? Nach allem, was du nun weißt, bist du immer noch in mich verliebt.", bemerkt er selbstsicher und abfällig.
Ja, ich liebe ihn, alles an ihm. Seine leuchtend grünen Augen, seine perfekten Haare, die aber dennoch lockig und wirr auf seinem Kopf sich kräuseln, seinen muskulösen, braungebrannten Körper! Aber er hat mich hintergangen, mit mir gespielt! Ich darf diese Gefühle nicht für diesen arroganten, ignoranten, aber unheimlich gutaussehenden Franzosen haben!
„Verschwinde einfach aus meinem Leben! Ich meine es ernst! Ich will dich niemals wiedersehen!", schluchze ich unter Tränen.
„Na schön, ma chérie, man sieht sich allerdings immer zweimal im Leben!", wirft er im Vorbeigehen ein. Was meint er damit? Vielleicht werde ich ihn ja wiedersehen… aber nein, das geht nicht! Ich hasse ihn! Ich versuche nicht ernsthaft, mir gerade einzureden, dass ich ihn hasse? Oh nein, wie bin ich zu so einer naiven Person geworden? Meine Oma hat mich immer davor gewarnt, mich zu sehr in einen Menschen zu verlieben. Das breche mir nur das Herz, meinte sie immer. Ich stehe da, zumindest das, was von mir übriggeblieben ist. Auch wenn das Bild hier ist, fühle ich mich beraubt! Ich stehe da und ich weiß, nichts ist gut, nichts ist so, wie ich es mir erträumt habe. Ich merke, wie ich in mir eine Schutzmauer hochziehe. Seine Schritte hallen leicht auf den Stufen nach und werden immer leiser. Als ich das leise Klacken des Schlosses höre, weiß ich, Enrique ist weg.
Nun ist er endgültig verschwunden. Doch wem kann ich überhaupt noch vertrauen? Hintergeht mich jeder meiner Freunde? Sogar meine Familie scheint, aus Lügnern und Betrügern zu bestehen! Wahrscheinlich tun sie alle nur so, als würden sie mich mögen. Wahrscheinlich kann ich niemandem auf dieser Welt vertrauen. Werde ich mich jemals

wieder verlieben können? Werde ich jemals jemanden finden, der mich wirklich mag und mich nicht nur ausnutzt? Und die Mauer in mir drinnen schützt mich bei der Erkenntnis, dass ich vollkommen einsam bin.
„Frau Ehmann, wieso ist denn Herr Fontaine schon gegangen? Haben sie das Bild gefunden?“, reißt mich Frau Remus aus meiner Erstarrung. Ich schrecke zusammen, als sie plötzlich in der Tür steht. Was soll ich nun machen? Ich kann ihr ja nicht die Wahrheit über Enrique sagen. Eigentlich hätte er es verdient, aber dann müsste ich zugeben, dass ich mich komplett in ihm getäuscht habe. Was soll sie dann nur von mir denken? Dass ich naiv und dumm bin? Nein, ich schäme mich zu sehr dafür. Ich kann es niemandem erzählen. Aber ich will mit jemandem darüber reden, das geht aber nicht. Früher bin ich mit Problemen dieser Art immer zu Oma gegangen. Dies geht nun leider nicht mehr, da ich nie weiß, wann sie klare Momente hat und mir Ratschläge geben kann. Und sowieso, sie hat Großvater gedeckt. Sie steckt da mit drin und ich muss zugeben, auch ich habe sie hintergangen. Ich habe nicht auf sie gehört.
„Er...er hat einen wichtigen Anruf bekommen und muss irgendwo dringend hin.“, erwidere ich schnell, „Aber wir haben das Bild gefunden. Es ist unter der linken Luke unter dem blauen Teppich, dort vor dem Bücherregal.“, deute ich ihr. „Ich bin ja so froh, dass wir es wieder haben. Ich könnte es mir nie verzeihen, wenn es nicht aufgetaucht wäre.“, rede ich drauflos in der Hoffnung, dass sie mich nicht mehr über Enrique ausfragt.
„Das sind ja mal gute Neuigkeiten! Aber sie haben doch keine Schuld daran, dass ihr Großvater das Bild offensichtlich gestohlen hat. Sie waren ja noch nicht einmal auf der Welt, Frau Ehmann.“, versucht sie mich zu beruhigen.

Sie merkt nicht, dass ihre Worte auf eine Mauer aus Stahl treffen, die keine Emotionen mehr nach außen lassen wird.
„Trotzdem fühle ich mich in irgendeiner Weise dafür verantwortlich. Verstehen sie das?“
„Ja, sicherlich, ich würde mich bestimmt genauso fühlen. Sehen sie, es ist zum Glück noch unversehrt.“, höre ich ihre Stimme freudig ausrufen. „Wir müssen es so schnell wie möglich wieder ins Museum bringen, jetzt wo wir es nach all den Jahren zurückhaben. Zum Glück hat noch niemand, außer ihnen, gemerkt, dass unseres eine Fälschung ist. Es wäre so eine Schande für die Sammlung gewesen, wenn es jemandem aufgefallen wäre. Ich bin ihnen so dankbar, dass sie geholfen haben, es wieder zu finden, Frau Ehmann.“, bedankt sie sich überschwänglich.
„Aber das ist doch selbstverständlich. Sie wissen ja, wie viel es mir bedeutet, das Bild zurückgeben zu können.“, versichere ich ihr und kann die Gleichgültigkeit kaum verstecken.
Ich hole das Buch, welches ich auf das Bücherregal gelegt habe. „Romeo und Julia?“, fragt Frau Remus, sie sieht glücklich aus. „Ja, ich mag Shakespeare. Als ich jünger war, habe ich die Fassung für Kinder verschlungen. Diese hier finde ich allerdings am schönsten zu lesen. Mögen sie Literatur?“, versuche ich freundlich zu fragen. Der Gedanke an diese Geschichte lässt die Bitterkeit in mir noch mehr hervortreten. Dieses Buch hat mich gelehrt, an die Liebe zu glauben, und das Leben hat mich gelehrt, dass man nicht vertrauen sollte, dass man sein Herz nicht öffnen sollte für einen Mann.
„Oh nein, ich liebe die darstellende Kunst. Mit Literatur und Poesie konnte ich noch nie viel anfangen.“, antwortet

Frau Remus lächelnd und umfasst das Gemälde mit weißen und unschuldigen Handschuhen, um es dorthin zu bringen, wo es schon die ganze Zeit hätte hängen sollen.
Am Nachmittag trete ich in das Zimmer meiner Oma ein. Sie liegt friedlich in ihrem Bett und schläft. Ich setze mich neben sie auf einen Stuhl, das Buch in meiner Hand. Das Cover ist grün-blau mit goldenem Schriftzug, in altdeutscher Schrift, man kann die Buchstaben mit der Hand nachfahren.
„Ah, Romeo und Julia?“, meine Großmutter ist inzwischen aufgewacht.
„Ja, weißt du noch? Du hast mir zu meinem 13. Geburtstag die Kinderfassung geschenkt.“
„Wie könnte ich das vergessen? Damals saßst du heulend auf deinem Bett, weil Jakob nicht mit dir zum Tanzkurs gehen wollte.“, entgegnet sie mir mit klaren Augen. „Sollen wir draußen spazieren, wenn du schon hier bist?“, fordert sie mich auf. Ihr Lächeln ist heiter und liebevoll – wie früher.
Gute zehn Minuten später gehen wir durch den Park, die Sonne scheint durch die Bäume und es gibt einen kleinen Teich mit Gänsen und Enten. Wir haben uns aus der Küche des Seniorenheimes altes Brot mitgenommen, um sie zu füttern. Es ist warm für Mitte September. Ich trage das Buch in meiner Hand. Meine Oma läuft mit ihrem Rollator neben mir her. Ich würde zu gerne mit ihr reden, ihr erzählen, was passiert ist, ich möchte sie aber nicht mit meinen Problemen belasten, außerdem schäme ich mich zu sehr.
„Ich hatte die gleiche Ausgabe von „Romeo und Julia“ Zuhause. Es war ein Geschenk deines Großvaters.“, sagt sie zu mir in vertrautem Ton.
„Ähm, das ist, um ehrlich zu sein, dein Buch. Es ist von deinem Dachboden.“

„Das kann nicht sein! Warst du in meiner Wohnung? Ich hatte dir ausdrücklich verboten, dorthin zu gehen!“, fährt sie mich an. Ich sehe, dass sie durchaus wütend ist.
„Ja, ich war dort, und weißt du, wir haben das Gemälde gefunden!“, platze ich raus. Die Spannung löst sich in mir. „Wir haben es gefunden und es ist alles gut, Oma. Es ist in der Sammlung und es ist alles wieder gut. Du weißt schon, das Bild, von dem ich dir erzählt habe: „Eidos“.
Sie nickt verständig, lächelt kurz und dann klopft sie mir kurz auf die Schulter. „In mein Buch hat dein Großvater etwas geschrieben.“ Es ist alles gesagt und auch ich lächle sie nun an. Es ist wirklich überraschend warm.
Wir setzen uns auf eine der Bänke, die um den Teich stehen, und sie fängt an, den Enten Brot zuzuwerfen. Ich blättere die erste Seite auf und sehe einen selbst geschriebenen Text es ist wirklich eine sehr schöne Handschrift:

Liebste Angelika,
ich liebe dich und ich werde dich
glücklich machen so lange ich es kann.
Ich hoffe, dass wir eine ebenso beeindruckende, alles überweilende Liebe füreinander empfinden wie Romeo und Julia.
Ich hoffe, dir gefällt dieses Buch!
Ich persönlich liebe Shakespeare.
Lass mich dein Romeo sein.

„Ich liebe dich. Dein Pierre Grillet “, vervollständigt sie den Text mit Tränen in den Augen. „Er war wundervoll. Seit diesem Tag ist es mein Lieblingsbuch.“
„Soll ich dir ein wenig daraus vorlesen?“, frage ich sie und spüre, wie wieder etwas Hoffnung in mir aufkommt. Man kann lieben und man kann verzeihen.
„Oh ja, das wäre schön!“ So beginne ich hier, mitten in Stuttgart, in einem Seniorenheim auf einer Bank zwischen

sich färbenden Blättern meiner alten Großmutter von der Liebe vorzulesen und auch wieder selbst etwas mehr daran zu glauben: „Zwei Häuser waren – gleich an Würdigkeit – Hier in Verona, wo die Handlung steckt, durch alten Groll zu neuem Kampf bereit,…“

Dezember 2018

Ein zartes C streicht über die Saiten des Cellos und bringt meine Moleküle zum Beben. Langsam schweifen die Töne entlang meiner Linien, breiten sich aus und tanzen mit den Farben, die sie umspielen, umgreifen und in die Freiheit schwingen lassen. Eine zarte Melodie, erfüllt die Weite des Raumes und umhüllt die atmenden Skulpturen. Ich spüre den Bogen in gleitenden Bewegungen über die Saiten schweben. Das Cello lenkt die Töne in die Luft und Holztasten drängen diese in kleinen Stößen in alle Ecken dieses Raumes. Sie umgarnen die Laute der Violine und vereinen sich mit ihnen zu einem beruhigenden, von leichter Traurigkeit erfüllten Wiegen. Die Töne verschwimmen ineinander und drängen sich zwischen alle Fasern. Die Skulpturen zertrümmern zuerst die lieblichen Laute, verstummen dann langsam und beginnen, in die Bewegungen der Wellen einzustimmen. Die Moleküle, die mich umgeben, synchronisieren sich und auch ich gehe ganz in dieser Atmosphäre auf.

Als ich beginne, meine Form zu vergessen, steht die Luft still. Ich vergegenwärtige mich und werde abrupt in gleichmäßigem Takt von Stößen beschossen. Die Skulpturen schlagen ihre Extremitäten aneinander. Trotzdem spüre ich, dass sie einander zugewandt sind. Sie freuen sich, sie stoßen so viele Laute auf einmal aus. Alles wirbelt, alles dreht. Ich hänge den gleitenden Tönen nach. Ich liebe die Ästhetik. Ich liebe durchdringende Kompositionen und ich liebe die Lebendigkeit, die den Raum erfasst hat. Die Schwingungen und Vibrationen, welche die Skulpturen aussenden, fühlen sich so aufregend und kitzelnd an, dass sie mich ganz und gar ergreifen. So viele Jahre durfte ich dies nicht spüren, dass ich schon fast vergessen hatte, wie es sich anfühlt, von atmenden Skulpturen umgeben zu sein. Ich lag auf einem kalten Grund und spürte, wie sich die Staubkörner in mich hineinfraßen. Keiner hielt sie davon ab. Die Kälte zerrte an meinen Fasern und nur selten berührte mich eine leichte Wärme am Rücken. Als dann nach Jahren wieder ein wärmender Lichtstrahl meinen Körper berührte, zog ich dessen Wärme bis in mein Tiefstes. Der Strahl verschwand so schnell, wie er kam, und die Vibrationen damals ließen mich schon glauben, dass ich aus diesem einen Strahl all meine Energie schöpfen musste für die nächsten kommenden Jahre.

Doch dem war nicht so. Ich wurde von zarten Spitzen umfasst. Ein ebenso zärtlicher aber starker Lufthauch, den die Skulptur über mich tanzen ließ, wehte eine Vielzahl der Staubkörner von mir. Ich wurde ans Licht zurückgeführt und, nachdem wieder viele kleine Stöcke mit manchmal kratzenden und manchmal streichelnden Fasern über mich hinweghuschten waren, wieder hierhergebracht. Hierher, wo ich vor Jahren schon der Musik nachempfand und wo ich so plötzlich meiner Sicherheit beraubt wurde. Ich spüre noch immer die Weiten des Raumes und die anderen, die so unbewegt wie damals verharren. Ich spüre, wie sich Laute durch den Raum verbreiten. Die Skulpturen sind heute ganz anders als früher. Sie senden schnellere Schwingungen und so viele Materialen, die ich nicht kenne.

Der Raum ist gut gefüllt. Und doch spüre ich vor mir eine Gruppe von Fleischskulpturen, die so ganz anders wirkt als der Rest. Sie atmen sehr schnell und schießen nur so um sich mit Wellen, Schwingungen und Vibrationen. Mal bewegt sich eine von ihnen weg und dann ziehen sie sich wieder ganz eng zusammen. Ihre Bewegungen sind nahezu hektisch, aber darauf bedacht, kontrolliert zu wirken. Sie scheinen, nervös zu sein. Ich sammle diese Eindrücke, wie ich es immer tat. In all der umtriebigen Menge kann ich keine wirklich vertraute Skulptur ausmachen. Ich spüre nicht meinen Meister, nicht die Skulptur, die mich versteht, bei der ich so lange Jahre verweilte und auch nicht die hier Ansässigen. Eine einzige Skulptur gibt mir etwas Halt, die, die mich aus meiner Gefühllosigkeit holte. Sie huscht umher. Ich spüre, dass sie einen leichten Stoff trägt, der bei jedem der kleinen Schritte etwas nachwippt. Sie habe ich in den letzten Tagen und Wochen oft an meiner Seite gespürt. Ich kenne ihren Atem, ihre Schritte und ihre Laute.

Da, aus dem Nichts blitzt kaltes Licht auf mich. Die Skulpturen schwimmen zusammen und bewegen sich ganz durcheinander vor mir. Nun leuchtet jedes meiner Elemente in diesem Licht und nach all der Dunkelheit empfinde ich dies als wohltuend. Ich bin wieder angekommen an dem Platz, von dem ich so plötzlich und unliebsam entrissen wurde. Ich erinnere mich, dass ich erst nach einiger Zeit von dem damals so kratzigen Tuch befreit wurde. Zuerst war ich ganz verwirrt gewesen, doch dann nahm ich eine mir bekannte Skulptur wahr; eine, deren Vibrationen ich bereits gesammelt hatte. Sie stand bei meinem Erschaffer oft vor mir. Sie, die mich verstanden hatte, hatte mich zu sich geholt.

Ich konnte sie zu Beginn sehr oft vor mir wahrnehmen. Daneben bemerkte ich meist eine kleinere Skulptur, deren Bewegungen fließend und nahezu tanzend waren. Auch sie wurde mir über die Jahre, die wir teilten, vertraut. Bald spürte ich sie beide nur noch, wenn die Wärme des Lichts erloschen war und sie in gleichmäßigem Takt atmeten. Dann nahm ich nichts außer diesen Vibrationen wahr. Manchmal, da kam auch eine noch viel kleinere und zartere Skulptur zu mir. Ihre Schwingungen nahm ich wahr, nie jedoch ihren Atem. Sie drehte sich nie zu mir, sondern setzte die Luft lieber mit wilden Wellen in Bewegung, die man einem so kleinen Wesen nie zugetraut hätte. Auch dort gewann ich langsam an Sicherheit und so vergingen viele warme und kühle Phasen, bis ich meinen Vertrauten nicht mehr spüren konnte. Er hatte einfach aufgehört zu schwingen. Die liebe zarte Skulptur kümmerte sich noch einige Zeit um mich und streichelte mich regelmäßig mit einem feinen Baumwolltuch, doch auch diese Spitzen wurden schwächer und das spürte auch ich. Nachdem sie sorgsam an meinen Rändern entlang gefahren war, legte sie einen schweren Stoff um mich. Sie betäubte mich und ich wusste damals nicht, wie lang sie mich in diesem Zustand verweilen lassen würde. Ich weiß noch sehr gut, wie sie mich in die Kühle legte und den Lichtstrahl abriss, den ich so gerne spürte.

Ich wende meine Aufmerksamkeit den blitzenden Lichtern zu. Ich tanke dieses Gefühl und bin mir so sicher, dass nun viele neue Skulpturen auf mich warten, deren Vibrationen, Schwingungen und Wellen ich sammeln werde, immer mit der Sicherheit, dass ich nun angekommen bin, dass ich am richtigen Platz hänge.

Meine liebe Thalia,
ich schreibe Dir diese Zeilen im vollen Bewusstsein. Ich weiß, Du hast „Eidos" an die Sammlung zurückgegeben, und ich bin stolz auf Dich, doch möchte ich Dir noch die Geschichte hinter diesem Gemälde erzählen.
Dein Großvater hat dieses Bild mit Willi Baumeister konzipiert. Dein Großvater liebte dieses Bild, denn es war ganz und gar sein Inneres, das sich darin offenbarte. Leider verkaufte Willi das Gemälde, bevor wir das nötige Geld zur Verfügung hatten. Damals schworen wir uns, dass wir dieses Bild einmal den Domnicks abkaufen würden, doch Du weißt, dass wir dieses Geld nie übrig hatten. Ich sah Deinen Großvater all die Jahre über leiden. Er sprach nie mehr explizit von diesem Bild, doch ich erkannte es in seinen Augen. Wenn wir eine Galerie besuchten, interessierte er sich immer nur halbherzig für die ausgestellten Stücke. Er schien, sie immer wieder mit „Eidos" abzugleichen, und keines der Bilder konnte diesem Anspruch entsprechen. Schon damals schwirrte es durch meinen Kopf, „Eidos" auf anderen Wegen in unseren Besitz zu überführen, doch ich war mir nie sicher, wie das geschehen sollte, schließlich war die Sammlung Domnick schon damals bekannt für ihre Alarmanlage.
Ich hatte dieses Vorhaben schon fast vergessen, als meine Mutter starb und wir ihre Wohnung ausräumten. Dabei vielen mir verschiedene Bilder in die Hände und auch einige Briefe, die mir zeigten, dass Willi Baumeister und sie ein Paar gewesen waren. Damals war ich sogar überzeugt, dass er mein Vater sei. Zunächst war ich sehr wütend darüber, dass meine Mutter nie darüber sprach, dass sie zusammen studiert hatten, aber dann begann, mein Interesse an Willi zu wachsen. Ich besuchte einige Ausstellungen, darunter auch die Sammlung. Auch mich zog „Eidos" an. Es berührte mich. Ich glaubte, dass es die Zerrissenheit Willis zwischen meiner Mutter und seiner Frau

zeige. Ich war überzeugt, dass er in dem Gemälde auch mich abbildete. Am Ende all diesen Denkens war ich überzeugt, dass „Eidos" mein Schicksal und das deines Großvaters war. Ich glaubte, dieses Gemälde wäre erschaffen worden, um uns zu komplettieren. Heute weiß ich vieles besser. Ich weiß, dass mein Vater nicht Willi Baumeister ist, sondern ein anderer Kommilitone, mit dem meine Mutter sich über Willi hinwegtröstete. Ich weiß heute, dass das Schicksal nicht durch ein Bild beeinflusst oder ausgedrückt wird, sondern durch die Liebe zueinander, aber damals war ich unbeirrbar. So schlug ich Deinem Großvater, der sich in Resignation zurückgezogen hatte, vor, einen Diebstahl zu wagen.

Wir ließen uns damals des Öfteren von den Domnicks zum Essen einladen und Dein Großvater kannte den Architekten. Recht schnell fanden wir heraus, welche Alarmanlage sie nutzten und wie diese funktionierte. Wir waren so besessen davon, – sicher spielte der Neid eine wesentliche Rolle – dass wir es schafften mit einem starken Magneten, einigen Büroklammern und kleinen schweren Gewichten, die Alarmanlage, die wir in kleiner Form daheim nachgebaut hatten, auszutricksen. Wie sich herausstellte war dies nachher gar nicht notwendig, denn die Alarmanlage war bei der Einweihungsfeier 1967 ausgeschalten. Schwerer gestaltete sich die Frage danach, wie wir das Bild verschwinden lassen sollten, ohne dass dies sofort auffiel. Die Idee einer Fälschung hatte Dein Großvater. Gemeinsam fertigten wir die Fälschung an. Beinahe hätten wir sie behalten und den ganzen Plan platzen lassen, aber wir waren zwei Getriebene. Wir waren getrieben von unseren Gefühlen, von unserem Willen und unserem Irrglauben! Kannst Du das verstehen? Der Diebstahl selbst war durchaus riskant, ja, aus heutiger Sicht frage ich mich, wie er uns gelingen konnte! Wir schenkten den Domnicks eine Skizze ihres Porsche. Sie wussten nicht, dass wir in dem Geschenkpapier ein weiteres Bild versteckt hatten. Wir stellten das Geschenk nicht weit entfernt von „Eidos“ ab. Der Rest war Glück. Dein Großvater täuschte in guter Entfernung einen Krampf vor und zog so all die Aufmerksamkeit auf sich. Ich tauschte das Bild aus, während ich vorgab, schnell unsere Mäntel zu holen, um ihn ins Krankenhaus fahren zu können. In all der kurzen Panik, die die Gäste so plötzlich ergriff, merkte keiner, dass ich das Bild in meinen Schal wickelte und durch ein Fenster nach draußen stellte. Unter dem Vorwand, das Auto zum Tor zu fahren, rannte ich raus. Mit dem Mantel kam ich zurück und Dein Großvater hüllte sich darin ein. Wir gingen zum Auto und mussten uns sehr zwingen, unsere Freude zu verbergen. Wir fuhren nur um die Ecke. Dein Großvater schlich sich zurück auf das Grundstück und holte unseren „Eidos“. Zur Sicherheit legten wir im Auto noch eine Decke auf das Gemälde.

Wir waren es zusammen und wir waren damals stolz darauf. Ich begriff auch erst nach einiger Zeit, dass dies uns nicht glücklicher machte, dass unser Glück in uns, in Deinem Großvater, mir, Deiner Mutter, Deinem Onkel und Dir, lag. Ich denke, so richtig begriffen habe ich diesen Fehler erst, als Du mir sagtest, dass „Eidos“ wieder in der Sammlung ist. Ich danke Dir dafür, meine Kleine. Bleibe ein so aufrechter Mensch und lasse Dich in Deinem Tun nicht beirren. Du bist ein vollkommen wundervoller Mensch und jeder, der Dich lieben darf, darf sich glücklich nennen.

Versprich mir, dass Du wieder lieben wirst.

Deine Dich liebende Großmutter

Dankesworte

An erster Stelle wollen wir uns bei Vera Romeu, der Leiterin der Sammlung Domnick, für ihre umfassende Unterstützung bedanken. Nicht nur, dass Sie uns die nötige finanzielle Unterstützung zusicherten, auch stellten Sie uns all Ihr Wissen zur Verfügung. Sie empfingen uns jederzeit – egal ob früh am Morgen oder spät am Abend – in Ihrer Sammlung, gewährten uns Zugang zum Archiv und zu sonst für Besucher gesperrte Bereiche. Sie führten uns durch die Sammlung, brachten uns die abstrakte Kunst näher und vermittelten uns ein Gefühl für die Sammlung. Sie waren uns die beste Ansprechpartnerin, die wir für dieses Projekt benötigten.
In diesem Rahmen bedanken wir uns auch bei dem Team um Frau Romeu, das uns ebenfalls stark unterstützte und so manche wertvolle Information für unsere Geschichte lieferte.
Ebenfalls bedanken wir uns bei der Autorin Carola Kupfer, die uns aus Regensburg kommend zweimal in Nürtingen besuchte und uns in Workshops beim Aufstellen des Plots half sowie in die Vermarktung eines Buches einführte. Mit Leidenschaft und spürbarem Engagement zeigte sie uns, wie viel Spaß dieses Projekt machen wird – aber auch, wie viel Arbeit und Kompromiss es einem jungen Autor abverlangt.
Ein großer Dank gilt unserem Verleger Wolfgang Schröck-Schmidt, der gemeinsam mit Carola Kupfer das Projekt „Buch macht Schule“ initiiert und uns aufgenommen hat. Seine professionelle Betreuung hat dem Projekt eine Ernsthaftigkeit verliehen und wir fühlten uns sehr gut betreut, denn auch bei ihm konnten wir spüren, dass sein Herzblut an diesem Projekt hängt.

Egal, ob es sich um rechtliche Fragen handelte oder um die Entwürfe des Covers, er war stets für unsere Belange zugänglich und schätzte unsere Worte.
Wir bedanken uns auch bei unseren Sponsoren: der Stadt Nürtingen, der Kreissparkasse Esslingen-Nürtingen und der Greiner Bio-One GmbH. Sie haben uns mit ihrer finanziellen Unterstützung ein Fundament für unser Schaffen gegeben.
Wir danken der Schulleitung, vor allem bei Beate Selb, die ihr Vertrauen in uns gesetzt hat und uns dieses Projekt durchführen ließ.
Wir danken Constantin Demattio, der in vielen Stunden vor seinem neuen Computer das Cover erstellt und wieder einmal bewiesen hat, dass man manchmal einfach einen neuen Blickwinkel einnehmen muss, um etwas ganz neu entdecken zu können!
Wir danken auch Luca Swoboda, der trotz des zeitlichen Drucks den Klappentext verfasste und unseren Appetit auf mehr von diesem Projekt anregte!
Letztlich danken wir allen, die an diesem Buch mitgewirkt und uns unterstützt haben: unseren Eltern, die uns zu den Terminen fuhren; den Lehrern, die das Buch lektoriert haben, vor allem Benjamin Lehmann; und den Mitschülern, die uns den verpassten Stoff vermittelt haben.
… und wir danken Arne, der seine Mutter manchmal für uns entbehren musste.

Das Autorenteam „Friedrichs Erben“

Nachwort

Kunst ist schön, macht aber viel Arbeit.

Karl Valentin

Die Initiation des Buches war auf eine glückliche Fügung zurückzuführen: Vera Romeu und Wolfgang Schröck-Schmitt trafen zufällig bei einer Veranstaltung aufeinander und beide erkannten, dass sich dieses Projekt bestens für Nürtingen, die Sammlung Domnick und eine Schule eignet.

Wir als Hölderlin-Gymnasium in Nürtingen schätzen sehr das Vertrauen, das in uns gesetzt wurde, als wir als Partner dieses Projekts ausgewählt wurden. Wir, die Kreative Schreibwerkstatt, wurden angefragt und freuten uns sehr über die Möglichkeit, unser Können auch in schriftlicher und professioneller Form nach Außen tragen zu dürfen. Wir sind eine AG und daher fand das ganze Projekt auf rein freiwilliger Basis statt. In unserer Freizeit haben wir die Workshops absolviert und die Texte verfasst sowie die organisatorischen Aufgaben erledigt. Ein Großteil der Arbeit fiel in unsere Sommerferien und so schrieben wir am Strand, im Freibad, im Garten oder auch mit Blick auf die Berge.

Einen Einstieg in dieses Projekt bildete die Führung in der Sammlung Domnick, bei der wir sehr umfangreiche Materialien sichten konnten und ein erstes Gefühl für die Besonderheit der Sammlung bekamen. Sofort schossen uns Ideen durch den Kopf, die sich kaum einfangen ließen. Die Sammlung bot uns so viele Anknüpfungspunkte, dass es bei 20 Autorinnen und Autoren weit mehr als 20 Ideen gab. Mit Eifer machten wir uns

in den folgenden Wochen daran, erste Ideen zu sammeln, und mussten schnell feststellen: Bei so vielen Akteuren konnte nicht jeder seine Vorstellungen durchsetzen. Das Team hat jedoch stehts versucht, demokratische Entscheidungen zu fällen und dabei auch konsensorientiert zu sein.
In unserem ersten, interessanten Workshop (in den Sommerferien) mit Carola Kupfer konnten wir in zwei Blöcken unseren Plot erstellen und Gruppen bilden, die dem Plot durch ihre Ausformulierung Leben verliehen. Auch hier musste der eine oder andere zurückstecken und sich auf die Ideen der anderen einlassen. Bei der Ausgestaltung des Plots war viel Kreativität gefragt. Wir Schreibis mussten uns an die Vorgaben halten, ein Genre auswählen, Hauptpersonen bestimmen, Inhalte ausdenken und dies zu einem runden Gesamtbild zusammenfügen. Die schwierigsten Entscheidungen waren jedoch jene, die es rund um die Sammlung zu fällen gab. Inspiriert von den Werken, dem Gebäude und den vielen Archivmaterialien war es uns kaum möglich zu selektieren. Schließlich gelang es mit der ein oder anderen hitzigen Diskussion doch – und so stand dem Schreiben nichts mehr im Weg.
In den Sommerferien verfassten wir unsere Texte und bewiesen damit, wie sehr wir dieses Projekt schätzen. In den Gruppen mussten wir Autorinnen und Autoren professionell recherchieren. Einige besuchten erneut die Sammlung, andere schauten sich die im Buch wichtigen Plätze in Stuttgart an oder schlenderten durch Nürtingen. Wir befragten Vera Romeu und das Internet. In dieser Phase galt es für uns alle, sich an Termine zu halten und gemeinsam zu schreiben. Manchen gelang

das sehr gut, andere brauchten noch den einen oder anderen Anstoß. Am Ende konnten wir uns jedoch über einen lesenswerten, niveauvollen, spannenden und mitreißenden Plot freuen, der zu unserer Überraschung wirklich ein rundes Gesamtbild ergab! Dieses Werk erfüllt uns mit Stolz und Freude, denn es beweist, wie gut wir zusammenarbeiten, aufeinander eingehen können und trotzdem unsere Kreativität entfalten konnten. Dabei wurden wir immer von unserer Lehrerin Jessica Jahn und Vera Romeu unterstützt.
In einem zweiten Workshop lernten wir dann die Vermarktung eines Werkes kennen – und ehrlich gesagt auch, wie hart der Buchmarkt geworden ist. Wieder übernahm jeder von uns Aufgaben, die er in seiner Freizeit absolvierte, damit unser Projekt zu einem guten Abschluss kommen konnte. Wir planten den Vorverkauf, die Werbung, die Pressekonferenz, Lesungen, die Veröffentlichung von Artikeln und so vieles mehr!
In der letzten Phase wurde unsere Motivation nochmals auf die Probe gestellt: Es gingen nach der dramaturgischen Redaktion einige Änderungswünsche von Carola Kupfers ein, die uns in die Lage echter Autoren versetzte und uns erneut Kompromissbereitschaft, aber auch Durchsetzungsfähigkeit lehrte. Nach einigen Überarbeitungen, bei denen uns Frau Jahn unterstützt hat, konnten wir das Werk noch kurz vor Drucktermin fertigstellen.
Uns beliebt als Fazit zu sagen, dass dieses Projekt durchaus viel Arbeit kostete, uns viel Geduld abverlangte und bestimmt nicht immer einfach war, doch wir haben so viel gelernt über uns. Wir hatten bei dem gemeinsamen Essen Spaß, hingen unseren Gedanken nach und bündelten sie wieder. Wir wuchsen als Gruppe

zusammen und das Beste an allem: Wir haben ein komplettes Buch gemeinsam geschrieben und es wird im Buchhandel erhältlich sein. Das ist etwas, das uns für immer prägen wird und uns für immer bleibt. Darauf sind wir stolz!

Der Trieb, aus unserem Wesen etwas hervorzubringen, das zurückbleibt, wenn wir scheiden, hält uns eigentlich am Leben fest.

Friedrich Hölderlin

Das Autorenteam „Friedrichs Erben“